ediciones**carena**

LUZ MACÍAS

ESA ESENCIA

ELIXIR DE LA ETERNA JUVENTUD

Primera edición: junio de 2024

© Luz Macías Cartolano, 2024
© Ediciones Carena, 2024

Ediciones Carena
c/Alpens, 31-33
08014 Barcelona
T. 934 310 283
info@edicionescarena.com
WWW.EDICIONESCARENA.COM

Diseño de la cubierta: Javier Cobos
Desarrollo: Ivette Guedella Reyes
Editor: José Membrive

Depósito legal: B 13158-2024

ISBN 978-84-19890-63-4

Impreso en España - Printed in Spain

A las amigas...

tan importantes para una hija única, como yo.

Prólogo

Volví a ver a Luz en un encuentro de antiguos alumnos de nuestro querido colegio «El Latino». De niña, recuerdo, que ella era un referente para nosotras, las pequeñas.

Actuaba en todos los festivales del colegio y detrás llevaba una especie de corte que siempre la rondaba.

En aquella cena, y aunque antes no habíamos coincidido nada más que a distancia, conectamos de inmediato. Me puso al corriente de lo acontecido en su vida, sin entrar en detalles, y se mostraba entusiasmada porque había empezado a escribir, como ella decía, en serio, con la intención de mostrar lo escrito. Acababa de publicar *El grito de la mariposa,* su primer poemario.

Como periodista me interesó su historia y de qué manera había dado el salto desde sus escritos en la intimidad hasta el complicado mundo de las editoriales, hasta lograr publicar, cosa que, como sabemos, es harto difícil.

En aquella cena, observando a mi alrededor, me di cuenta de que a la mayoría de mis compañeros o no los reconocía o me asombraba ver en aquellas personas a las de antaño. Pensé: ¿Ellos notarán lo mismo en mí?... Los años no pasan en balde. Sin embargo, Luz seguía siendo Luz. Algo que parece obvio me asombró, y me dije: El tiempo transcurre para todos, pero no se muestra igual para una minoría.

Me interesó su historia de vida, luego leí sus poemas y me entusiasmé por su sensibilidad al escribir y porque llegaba a tu interior con facilidad. Es una poeta del alma.

A partir de ahí, nos han unido programas de radio en los que yo entrevistadora y ella entrevistada, nos olvidábamos del micrófono.

La he acompañado en la presentación de sus siguientes libros, en los que se adentró en otros géneros, poesía, novela, biografía...

Su vida está repleta de anécdotas, muchas de ellas las escribe, pero las aparca porque otra idea irrumpe con más fuerza.

Entre el torrente de historias y de posibilidades, me enseñó una de las que tenía, como ella dice, en el cajón. Arrancaba con su viaje a Barcelona para ultimar la publicación del primer poemario con su editor. Sólo tenía escritas cuarenta páginas, a modo de relato de viaje.

Me contó esa historia, llena de ilusión, de aventura, de enseñanzas, de ternura y, sobre todo, de mucho humor. Comentó: «La tengo escrita, pero la dejé ahí, aparcada, sin darle forma..., estaba en otro momento literario».

Mi contestación fue fulminante: Luz, estas historias tuyas que pueden parecer fantasía, son reales, las has vivido y te pertenecen.

En tus poemarios, en tus novelas, muestras tu lado más íntimo, pero en esta historia nos dejas ver otra cara: la de tu buen humor. Los que te conocemos, sabemos que también eres tú y lo cuentas con la misma naturalidad y con la misma facilidad de palabra. Esa mezcla, entre el asombro que causas por tu aspecto, cuando te preguntan la edad, y tu personalidad, algo que produce sentimientos encontrados en los demás. El humor, que por la naturaleza de las mismas no has mostrado en otras obras; lo buena cocinera que eres; el valor que le das a la familia y a los amigos, y tu disciplina para estar sana y en forma. Hay mil anécdotas que tienes guardadas en este relato breve.

Te animé a ampliarlo y a convertirlo en un libro. Aunque eras reticente, porque sientes pudor. Yo te dije: Luz, debes hacerlo porque todo lo que puedes contar es real y será motivador.

Ahora, con el libro en mis manos, siento que no me equivoqué. En él está «tu esencia» y todas esas facetas de las que te hablé. Las que te hacen joven por dentro y por fuera, pero con la experiencia y las cicatrices de lo mucho vivido y con la consciencia de que hay que exprimir lo que queda por vivir.

ISABEL BAEZA
Periodista

I

Aquel día de mayo hacía un calor sofocante cuando llegué, con mi hijo Fernando, a la estación de Atocha.

Detuvo el coche ante la puerta de entrada de viajeros y se apresuró a sacar mi maleta.

—¿Llevas piedras? –dijo encantador.

—No, cariño. Es que no sé qué tiempo va a hacer y he cogido un poco de todo.

—¡Venga, date prisa! ¡Mira la cara que está poniendo el taxista de atrás!

—Pues que tenga un poco de paciencia… A ver si es que no vamos a poder ni bajar el equipaje.

Esperé en el *hall* unos minutos a que volviera del párquing. Luego nos dirigimos a los mostradores de expedición de billetes, pero las pantallas informativas anunciaban que los terminales no estaban operativos debido al cambio de turno de los empleados de las tres de la tarde, así es que nos acomodamos en los asientos de la sala dispuestos a esperar.

Fernando, de natural hosco y abstraído, se entretuvo mirando las musarañas para no tener que entablar conversación. Yo le estaba agradecida por la gentileza de llevarme, pero sabía que era preferible no decírselo porque, seguramente, me soltaría algún sofión por el tiempo imprevisto de espera. Sonreí para mis adentros, notando el cariño que sentía por él.

He estado muchas veces en Atocha, sin poder evitar que, con frecuencia, me asalte el recuerdo de mi primer viaje en tren, precisamente desde esta estación y con mi tío-abuelo, José.

Evocar el pasado, y mis catorce años, era una dulce manera de pasar el tiempo. Mi imaginación voló hasta el antiguo andén… Allí estaba mi tío, ya bastante mayor, cercano a los ochenta, esperándome sentado sobre su vieja maleta de arpillera *beige,* de esas que llevaban dos rayas verticales marrones, con su boina y su bastón, rezongando porque llegaba tarde (entendámonos, tarde para él, que me había citado una hora antes de la salida del tren).

En aquel entonces, yo era una muchachita, casi niña, alta, delgada y bastante presumidilla y tontuela. Fantaseando de lo lindo, desde que mi tío propuso el viaje, con lo que había visto en las películas y, para la ocasión, vestía mi vaquero preferido Levi Strauss y estrenaba una camisa de gasa rizada Jean Cacharel, traída, expresamente, de París.

—¡Anda!, ¡date deprisa!, ¡que ya está todo el mundo arriba! ¡Seguro que somos los últimos!... ¿Adónde vas? Es aquí mismo. Sube –dijo, señalándome el vagón de tercera.

—¿Vamos en tercera?…

—Desde luego. ¿Qué te crees, que el dinero se cría en los árboles? No voy a pagar ni un céntimo de más por viajar en primera. Los vagones del tren llegan todos al mismo sitio y a la misma hora. ¡Estaría bueno! ¡Vamos, coge la bolsa!

—Jooo… Es que pesa mucho.

—¡Pues no haberla cargado tanto, que no vas a un desfile de modelos!

—Espera un momento, tío… ¡Mozo!, ¡mozo!... No me oyen, están todos muy lejos.

—¡Nos ha fastidiado! ¡Están en primera, donde van los flojos! La gente que va en tercera no necesita lacayos que le suban el equipaje... ¡Anda, tira!…

Cuando llegamos al departamento, lo encontramos, aparentemente, todo ocupado.

—¡Lo ves! ¡Mira si no tenía yo razón! ¡Hay que llegar antes!

—Buenos días a todos –dijo, saludando con un rápido movimiento de quita y pon de la boina.

—¡Buenos días! –contestaron, al unísono, los viajeros.

—¿Nos harán sitio, verdad? Nuestro billete es de aquí.

—¡Faltaría más! –respondieron a coro.

Mientras yo contemplaba desolada los duros asientos de madera del departamento, él acomodaba en el altillo de la derecha su maleta y al no encontrar a primera vista otro lugar disponible, tomó mi bolsa de viaje de piel granate y la metió de un tirón bajo el asiento. Después, a fuerza de culadas, se hizo un hueco para sentarse entre una señora vestida de hábito morado y un muchacho guapete, alto, delgado, de nuez prominente y mirada risueña.

—Siéntate ahí, ¡hay sitio de sobra! –dijo tío José, tan contento, mientras me señalaba el banco de enfrente.

Me encajé, a duras penas, entre un señor muy feo y una monja gorda, que por cierto olía fatal y, para más inri, era de las de la Caridad de San Vicente de Paúl, de esas que llevaban una toca en forma de alas enormes, altamente peligrosas, como pude comprobar en cuanto el tren se puso en marcha porque, con los bandazos, tuve que ir esquivándolas para que no se me metieran por un ojo.

No teníamos asientos de ventanilla y, sin otra distracción, mi tío se dispuso a estudiarme minuciosamente, mientras me miraba extrañado…

La verdad es que, como mi madre sólo me dejaba usar un poco de brillo de labios; antes de encontrarme con él, me había cambiado «el estilo» en los aseos de la estación, con el arsenal que me había comprado en previsión del viaje: lápices, sombras de ojos, colorete, pintalabios… y el que llevaba puesto era rojo a reventar. Me revolví, incómoda, en el asiento y puse cara de póker… Cerré los ojos para cubrir la escena con un tupido velo.

El viaje Madrid-Lorca, lugar que pronto iba a descubrir como algo maravilloso y al que nos dirigíamos para que yo conociera a una parte de la familia a la que he estado unida el resto de mi vida, resultó más apasionante de lo que esperaba.

A poco de arrancar el tren, movida por la incomodidad de la situación, salí a inspeccionar el pasillo que encontré muy concurrido de soldados sentados en sus respectivos petates. Todos, sin excepción, clavaron sus ojos en las partes de mi cuerpo que presentaban alguna ligera protuberancia, poca, en aquel entonces.

Asustada, cosa rara en mí, me disponía a volver por mis fueros cuando el muchacho compañero de departamento, seguramente pensando –en ese afán protector, por cierto, tan agradable, que entonces nos demostraban los hombres– que sería útil su presencia, se me colocó al lado y abriendo una pitillera plana y dorada, de resorte, me ofreció un cigarrillo.

—¿Fumas?

—Sí –mentira podrida–, sólo había fumado un rollito de papel de estraza en el váter del colegio con mi amiga María

Eugenia. Creí oportuno omitir ese pequeño detalle para empezar celebrando con el primer cigarrillo, *Bisonte* sin filtro, mi nueva vida de desenvoltura y libertad.

Así, apoyada de codos en la ventanilla de guillotina, como había visto en las películas, pude comprobar lo complicado que resultaba respirar entre buches de humo del cigarrillo y vaharadas del que soltaba el tren con profusión. Mientras, mi estudiado maquillaje, mi pelo rubio y mis ojos verdes, se iban cubriendo poco a poco de una fina película de carbonilla.

—¿Cuántos años tienes? Yo, veintiuno –dijo, anticipándose a mi respuesta.

—Dieciocho –contesté, avalada por mi metro setenta de estatura, y me quedé tan fresca.

—Me llamo Pedro, ¿y tú?

—Yo, Luz.

—¡Qué nombre tan bonito! Estoy en tercer año de carrera, Ingeniería Industrial. ¿Y tú, estudias o trabajas?

—Pues…, en este momento ninguna de las dos cosas. La verdad es… que me he tomado un año sabático porque no tengo claro qué carrera empezar –contesté, en el colmo de la improvisación embustera.

—Pues, dedícate a modelo, chica. Vales para eso. Seguro –dijo, contemplándome con admiración.

—No creo que me dejen mis padres. Mi madre cree que debería estudiar Periodismo. Desde pequeña me ha gustado inventar historias.

—¡Mujer! Lo deseable sería que en Periodismo no inventaras nada, ja, ja, ja… Mejor escritora, ¿no?

—Sí, pues, eso, escritora.

—¿Y a qué vas a Lorca? Yo soy de allí. En Madrid estoy de pensión hasta que acabe la carrera.

—Voy con mi tío a conocer a la familia. Creo que tienen una pastelería, la llaman La Madrileña.

—¿La de Los Cuatro Cantones? ¡Menudos dulces hacen! ¡Lo mejor, no ya de Lorca, de la provincia! Ya verás, ya…, ¡qué tortadas!... ¡qué milhojas!…

—Pues, no creas que comeré muchos, porque no quiero engordar.

—Falta te hacen unos kilitos, que estás más flaca que Audrey Hepburn, ja, ja, ja…

Sí, sí, flaca… Se dedicó todo el viaje a tirarme los tejos compulsivamente. Yo, en aquel preciso momento, hice el descubrimiento de lo fascinante que era coquetear con un chico y le puse al asunto toda la dedicación de la que fui capaz.

Pasamos horas en el pasillo, con gran preocupación de mi tío, que asomaba, con cara de malas pulgas, de vez en cuando.

Al fin me llamó, empleando su tono más desabrido, para que pasara a comer al departamento. Parece que se había empeñado en fastidiarme el viaje.

Al entrar, me sorprendió el pícnic que tenían montado. La señora del hábito y la que viajaba a su lado junto a la ventanilla habían sacado de una cesta de mimbre, con tapas abatibles y asa central, una fiambrera de aluminio llena de filetes empanados y pimientos verdes fritos y, con la única defensa antigrasa de una servilleta de cuadros blancos y rojos, encima de las rodillas, procedían a comerse los pimientos por el nada recomendable método de pinchar las piezas enteras con un tenedor y abrir la boca hacia el techo haciéndolas entrar a toda costa.

—¡Pasar, pasar, que hay para todos! –saltó eufórica, y con la boca llena, chorreando aceite, la del hábito.

El señor feo que se sentaba a mi lado, exhibía, orgulloso, una barra entera untada de mi merienda favorita: sobrasada.

—Si queréis, os doy. Es mucho para mí. ¿Te gusta la sobrasada, maja? Toma un cacho, verás qué rica –sentenció, mientras partía un trozo con la mano.

»Ten, que buena falta te hace comer. Las chicas de ahora estáis más esmirriadas que los gatos de mi pueblo, jo, jo, jo…

—Yo traigo un bocadillo de calamares que me he comprado en Atocha, en El Brillante. No es muy grande, pero si quieren… –ofreció Pedro.

—No repartas y cómetelo todo, chaval –dijo el del bocadillo de sobrasada, guiñando un ojo–, ¡que tienes que coger fuerzas! Jo, jo, jo…

—No diga usted sandeces –dijo tío José, muy serio, aunque yo no entendí muy bien por qué.

Mientras, la monja había sacado de entre la faldriquera un hatillo con unos pocos higos secos y almendras y se los estaba zampando en un decir amén. Mejor, pensé, no comer nada que saque de entre esos entresijos malolientes.

Mi tío también se puso en marcha y, para mi mayor bochorno, bajó la maleta del altillo y, depositándola en el suelo ante los pies de los presentes, la abrió, sacando de entre sus calzoncillos y calcetines un paquete hecho con papel de periódico, concienzudamente atado con un cordel, que desató cuidadosamente. Acto seguido, lo enrolló y se lo guardó en el bolsillo de la chaqueta –nunca tiraba nada–. De su interior surgió un gran pan redondo, candeal, de esos que compraba en la tahona de debajo de su casa, que albergaba una tortilla de patata cubierta de suculentas y gruesas rodajas de chorizo.

Se me hizo la boca agua –por qué negarlo–. ¡Chorizo del pueblo! Lo reconocí de inmediato –el tío solía regalárnoslo siempre que se lo traía algún pariente, de los muchos que venían a parar en su casa para hacer todo tipo de gestiones en Madrid, sobre todo, «de médicos»–, a pesar de que mi madre lo presentaba finamente cortado y convenientemente dispuesto, en una bandeja de su preciosa vajilla inglesa.

Después, sólo pude limitarme a contemplar, estupefacta, cómo mi tío sacaba, de entre sus camisetas, una enorme navaja de tres tiempos y procedía a repartir nuestra comida…

—Ya verán qué tortillas hace Emiliana –dijo, como si todo el mundo tuviera que conocer a la antipática de su criada.

»¡Y qué chorizo hay en mi pueblo!

Y así fue como se organizó un trasiego solidario entre unos y otros, mientras yo me tapaba, como podía, con el mejor pañuelo Pertegaz de mi madre, que llevaba atado, tratando de imitarla en lo posible, al asa del bolso.

La monja se aplicaba con entusiasmo en comer de la caridad de todos. Hasta que dijo con toda la boca llena:

—Lo que hacía falta, ahora, es algo de beber. ¡Qué sed tengo!

—No se preocupe usted, hermana, que aquí traigo el remedio…

Ya sin capacidad de asombro vi como mi tío, furibundo anticlerical, extraía de su maleta-chistera una bota de vino que ofreció a la monja. Esta, tras beberse un trago larguísimo, hizo alguna bromita sobre el vino de misa. Después, con una desinhibición que encontré impropia de su condición, se la pasó al señor del bocadillo de sobrasada…

Y así continuó la ronda entre nuestros compañeros de infortunio.

Avergonzada, desde luego, pero con hambre también, no nos vamos a engañar, me dispuse remilgadamente a ir dando bocaditos pequeños a las viandas que me correspondían.

El vino ni lo probé, porque ya estaba bastante mareada del alterne del tabaco en el pasillo y por aquel entonces no tenía ni idea de beber en bota, además, temía mancharme mi blusita de París.

Pero la cosa, desgraciadamente, no acabó aquí: la que lanzó la primera andanada fue la señora del hábito…, eructando.

—¡Huy, qué vergüenza! –dijo la muy marrana–. ¡Se me ha escapado!

—No se corte usted, que es muy malo para el corazón aguantarse los aires –terció la monja.

—Desde luego, desde luego –aseveró el estudiante, con una risilla contenida que le hacía moverse la nuez como si tuviera un tic.

—A mí me ha aconsejado el médico del convento que no los evite, ni por arriba, ni por abajo.

¡Vaya!, pensé, preocupada por haberme sentado a su lado y también porque se había planteado la conversación favorita de mi tío que, desde ese momento, fue imparable…

—Pues, yo no me los aguanto nunca –dijo tío José entrando en la conversación como un miura.

De sobra lo sabía yo. ¡Menudas broncas le echaba mi madre!, además, precisamente por eso nunca lo invitaba a comidas o cenas que no fueran estrictamente familiares, y aun así se cogía unos enfados monumentales con él: «Menudo ejemplo le da usted a la niña, tío».

—Lo malo que tiene –continuó la monja– es que nosotras somos tan pobres que solemos comer lo que da la huerta y, sobre todo en invierno, hay repollo a toda hora. Huele el convento desde lejos.

No me atreví a preguntar a qué olía, pero, por lo que había dicho antes, me imaginé lo peor, si es que el médico aconsejaba a todas las monjas la misma incontinencia.

El señor que se sentaba a mi lado también se animaba a ojos vista. El tema, desde luego, parecía muy de su agrado y escuchaba a la monja con arrobo. Por fin saltó:

—Pues el cura de mi pueblo debía tener la misma dieta que en su convento, hermana. Me acuerdo que un día, subido en el púlpito para arrearnos el sermón de los domingos y que, además, estábamos todos callados como muertos porque era muy tremendo y se cabreaba muchísimo si alguien chistaba en misa, se le escapó una ventosidad que retumbó en toda la iglesia… ¡No quieran ver cómo nos partíamos el pecho a reír! –Las risas se generalizaron y esto le animó muchísimo, así es que siguió–: Se bajó volando, y sermón que nos ahorramos…, jo, jo, jo…

»Fue muy nombrado aquello. Del coñazo de los sermones nadie se acordaba, ¡pero del cuesco!…, jo, jo, jo… –No paraban de reírse, y la peor, la monja. La barriga le subía y le bajaba como si tuviera vida propia. Tremendo. Así es que cuando pudo continuar–: Como que estuvimos luego mucho tiempo haciendo apuestas en el bar, cuando echábamos la partida, a ver quién se lo tiraba más grande y ninguno fuimos capaces de mejorarlo.

—Ya que estamos puestos, y cómo se me ha ido un poco la vergüenza –se animó la del hábito–, les diré que a mi marido y a mí nos hace mucho reír tirárnoslos en la cama. Sobre todo en invierno, que estamos bien tapados. Algunas veces, para reírnos más, cuando se tira uno bien fuerte le digo: ¡Plácido, que ese me ha hecho volar el camisón!, ja, ja, ja, y nos partimos las tripas…, ja, ja, ja.

La conversación se fue animando por esos derroteros que resultaron ser muy del interés del personal.

Se fueron pasando la bota de vino, hasta que no quedó nada. Luego empezaron a beber de un porrón que tenía un vino dulce muy rico y que llevaba en la cesta la señora del eructo.

Siguieron comiendo sin parar. Después, unos mantecados, que no sé quien traía. Estaban todos algo piripis. Yo sólo había bebido un poco de vino dulce en un vasito que me había hecho el tío José con papel de periódico.

La cosa terminó mal, mal para mí, se entiende… Las cochinadas habían ido subiendo de tono a base de contar, unos y otros, sucedidos escatológicos, hasta que el tío le puso la guinda al pastel con un dicho muy suyo y que solía soltar siempre que podía delante de mi madre, para mortificarla. Lo vi venir y no pude hacer nada por evitarlo.

—A mí todo me sienta bien y estoy estupendamente de salud. Al médico no quiero verlo ni en pintura, ni falta que me hace. Mi máxima es: «Cagando duro y meando claro, dan por culo al cirujano».

Todos aseveraron, y mostraron su acuerdo como si fuera la cosa más natural del mundo. El estudiante se tuvo que salir al pasillo para tomar el aire, porque no podía más de reírse. Yo, no sabiendo qué hacer para volatilizarme, opté por sacar del bolso Chanel, que me había prestado mi madre, mis gafas de sol mariposa, y me las puse para tratar de poner distancia con aquello.

Ensimismada en mis recuerdos, no me di cuenta de que ya habían empezado a despachar billetes.

—Mamá, que ya han abierto las ventanillas. ¿De qué te ríes?

—De mis cosas, hijo, de mis cosas…

—Vas a acabar fatal… En casa te oigo a veces hablar sola… Venga, vamos, que ya sabes que tengo una reunión y no quiero llegar tarde.

Nos acercamos a uno de los puestos de venta. El empleado, enfrascado en la contemplación de la pantalla del ordenador que tenía a su derecha, nos preguntó, sin mirarnos, por el trayecto que queríamos realizar.

—Quiero un billete de ida y vuelta, de primera clase, para el AVE Madrid-Barcelona, pero antes me gustaría comprar la Tarjeta Dorada de RENFE. Creo que así el billete tiene descuento, ¿no es verdad?

Obligado por las circunstancias, ya que tenía que hacer algo más que la simple rutina de despachar un billete, apartó la nariz de la pantalla y me espetó tras una fugaz mirada:

—Sí, desde luego que sale más barato, pero se tendrá usted que esperar a tener sesenta años. Son las normas.

—Ya lo sé, caballero y, precisamente por eso, se lo pido.

Una sonrisita, entre la impaciencia y el fastidio, y me dijo:

—¿Puede usted enseñarme su carné de identidad?

—Con mucho gusto. Aquí lo tiene usted.

Después de mirar el documento, se revolvió incómodo en su asiento y me miró con desconfianza. (Supuse que no me reconocía en la fotografía porque la verdad es que en casi ninguna salgo bien.)

—¿No tiene usted ningún otro documento que acredite su identidad?

—¿Más que mi propio carnet?

—Oigaaa… ¿Quiere hacer el favor de atender a mi madre lo antes posible? Yo tengo prisa y ella puede perder el tren –dijo Fernando, muy por las buenas.

—Deja, hijo… Aquí tiene usted, el carné de conducir.

Parece que la vista del segundo documento dejó más convencido al celoso empleado de RENFE, que se dispuso a hacer los trámites mirándome de arriba abajo insistentemente.

Mientras pagaba con mi tarjeta visa, para poder compensar a Fernando por sus desvelos en caso de accidente, el ahora amable empleado, haciendo gala de una gran incontinencia verbal y sin consideración alguna al punto de vista de un hijo, se despachaba en los siguientes términos:

—Desde luego su madre es un fenómeno de la naturaleza. La verdad es que yo no había visto a nadie de su edad con esa cara… con ese… en fin, tan… como su madre de usted, aunque esté feo el decirlo.

Fernando inició un ligero alzamiento lateral del labio superior, señal que yo reconozco como el preludio de que ha llegado a su tope, mientras le dirigía una torva mirada. Me despedí apresuradamente, agradeciendo al empleado sus atenciones, al tiempo que tiraba de mi hijo y de la maleta porque, el pobre, con una hernia en la quinta lumbar, no podía prestarme ayuda.

Llegamos ante la enorme escalera mecánica que descendía hasta la vía donde estaba formado el tren. Como la nueva fórmula de impedir el paso a los acompañantes de los viajeros nos priva de la maravillosa escena, que los jóvenes conocen sólo por las películas, de las despedidas en el andén, allí nos separamos.

Fernando me dio un cariñoso abrazo, sinceramente contento por librarse de mí. Luego, manifestando su preocupación por verme emprender sola el incierto viaje, dijo:

—No olvides llamarme cuando sepas en qué hotel te va a alojar el editor, y léete bien el contrato, ¡a ver qué firmas!, ¡que siempre te engañan!

—No te preocupes, además, ya me parece un milagro suficiente publicar. Dame un beso, cariño.

—Anda, anda… –dijo, dándome el beso mientras echaba un vistazo alrededor por si alguien nos miraba.

Conmovida por sus desvelos y poniendo mucho cuidado para que no quedasen mis tacones entre dos peldaños, inicié, majestuosamente, el descenso hacia la apasionante aventura de la firma de mi primer contrato literario.

II

El billete de primera clase me proporcionó la comodidad de viajar, sin compañero de asiento, en el lateral izquierdo del vagón y con una amplia mesa sobre la que coloqué la carpeta que contenía los poemas que iban a conformar el libro.

El tren no tardó en ponerse en marcha suavemente…

Cerré los ojos para imaginar cómo sería mi editor. De momento sólo sabía, por nuestras conversaciones telefónicas, que tenía acento andaluz y una voz dulce y pausada. Me lo había recomendado un amigo poeta, que lo conceptuaba como persona seria y honrada. Además, me gustó mucho saber que era profesor de Literatura y escritor.

Cuando quedé en enviarle por *mail* mis poemas, pidiéndole una crítica sincera sobre mi obra y agradeciéndole de antemano la deferencia de leerla, lo hice muerta de miedo. Enseguida me llamó para decirme que le había gustado mucho y que iba a publicarla. Así, sin más. No sé qué pensaría del estallido de alegría que no supe contener. Tendría que dominar a la niña que llevo dentro, pero la verdad es que, a estas alturas, ya no voy a conseguirlo.

Cuando abrí los ojos, el tren había dejado atrás la ciudad para adentrarse en los campos despoblados de las afueras. Una impersonal voz femenina anunció por megafonía que la velocidad crucero era de 300 kilómetros por hora y que llegaríamos a Barcelona, tras una parada en la ciudad de Zaragoza, a las 20:00 horas.

Me puse a repasar poemas y los fui colocando en el orden que me parecía mejor para su publicación. Uno de ellos, precisamente, estaba dedicado al AVE. Lo releí, entre divertida y nostálgica…

El tren no traquetea
porque corre que vuela.

AVE, fría golondrina
que desprecias los paisajes.
Haces que añore viajes
y que ensueñe compañías…
La carbonilla, las vías,
los bancos de la estación,
la tortilla y el melón
que la amistad compartía,
en aquel tren renqueante
que tardaba cuatro horas
desde Madrid a Zamora.

¡Qué tiempos!, ¡qué diversión!
¡qué amable conversación!
¡qué poca prisa, por Dios!

El tiempo pasó volando. Sin darme apenas cuenta ya habíamos hecho la parada prevista en Zaragoza. Estiré las piernas, enfundadas en los vaqueros de color violeta, y me acomodé la blusa de idéntico tono. Cogí el bolso de viaje, recompuse el pañuelo de seda floreada sobre los hombros, y me dirigí a la cafetería.

Tenía un poco de hambre, pero no vi nada apetecible y pedí un café con leche, corto, bien caliente. Mientras lo tomaba, a pequeños sorbos, pensaba si le causaría una buena impresión al editor. Le había mandado mi carné de identidad, escaneado, para preparar el contrato, y elucubraba sobre por qué habría apostado por una autora que empieza su andadura literaria a mi edad. La verdad es que procuro cuidar mi aspecto. Suelo estar arreglada, incluso en casa, porque me gusta verme bien y pienso que es un acto de respeto hacia los demás. Para el encuentro iba discretamente pintada. Reloj, pendientes y una única sortija de brillantes eran todo mi adorno.

La estación de Sants resultó ser tan impersonal y parecida a la parte nueva de la de Atocha que podría decirse que no se había movido el tren.

El editor había quedado en esperarme a la salida. Sorteé la línea de taxis negros y amarillos y crucé a una gran explanada porticada.

Como era la primera vez que nos veíamos, le había advertido que iría vestida de color violeta.

Vino hacia mí enseguida, caminando a grandes pasos y con una amplia sonrisa. Me tendió la mano firmemente, para después aproximar la cara y darme dos besos.

—¿Qué tal el viaje? Soy José.

De mediana estatura, vestía, con cierto descuido, un pantalón oscuro y una especie de sahariana blanca. Su mirada franca confirmó la buena impresión que ya tenía formada sobre él por nuestras charlas telefónicas. Hizo algún comentario, galante y discreto, sobre mi persona, mientras tomaba amablemente el tiro de la maleta.

Fuimos charlando mientras llegábamos a la editorial, que estaba muy cerca de la estación. Quería enseñarme publicaciones y firmar el contrato, como habíamos acordado.

Resultó ser un pequeño local atestado de libros y cajas, en donde había tres mesas de trabajo montadas en línea. Sólo la primera estaba ocupada por un joven que se levantó para saludarme.

—Te presento a Jesús, mi ayudante, es periodista y lleva el área de relación con los medios, aunque esta es una editorial pequeña, como ves, y los dos hacemos de todo.

Luego se dirigió a la mesa central y me invitó a sentarme en una de las dos sillas que tenía enfrente mientras me miraba, entre admirado y divertido.

—Creo que habrá que cambiar el contrato –dijo.

—Bueno, tú dirás…

—Me has mentido.

—¿Yo, por qué?

—Tú no tienes la edad que dice tu carné de identidad.

Recordé haberle mandado el documento escaneado para redactar el contrato y sonreí, complacida.

Se levantó para coger algunos libros de una estantería y un catálogo.

—Mira, así se va a editar tu libro. Las ediciones de esta línea de poesía son con el diseño de cubierta, en gris. ¿Te gusta?

—Me parece preciosa. Es sencilla y elegante. Qué cartulina tan suave. Me encanta.

Tomando un par de libros leí: *Antología de poetas andaluces,* y *Memoria del no poder,* de Felipe Aranguren. Noté que el corazón me latía con fuerza y no quise disimular:

—Estoy emocionada. Sinceramente no puedo creer lo que me está pasando. Formar parte de este catálogo es más que un sueño para mí… Gracias.

—Ya te dije lo que pensaba de tu obra. Si no tuviera la calidad literaria que a mi juicio tiene, no te la hubiera publicado y menos en nuestra colección selecta.

»Si te parece bien, repasamos el contrato y lo firmamos. Tengo una cierta prisa.

»Como te avisé, tengo la presentación de un libro en un pueblo de la periferia de Barcelona. Te gustará. Así te vas familiarizando con lo que te va a tocar hacer a ti.

»Por cierto, te vas a alojar en mi casa, si no te importa. Es mi costumbre, además no soy muy pudiente. Allí llevo a todos los autores que no son de Barcelona.

»No te preocupes –dijo riéndose–, vivo con mi hijo. Tiene quince años.

Sin darme tiempo a reaccionar, Jesús se aproximó con una cámara de fotos para inmortalizar el momento de la firma del contrato.

No tuve que forzar la sonrisa. Mi felicidad era indescriptible.

Mientras los dos metían en unas cajas de cartón un montón de libros de color rojo pimentón, que iban a llevar para vender en la presentación, salí a la calle para informar a mi hijo, como habíamos convenido, del nombre del hotel en el que me alojaba.

Marqué el número con preocupación, sabía que se avecinaban problemas.

—Hola, hijo, ya he firmado el contrato.

—Lo habrás leído bien, ¿verdad?

—¡Por supuesto!, ¡no te preocupes!

—¿En qué hotel te vas a alojar?

Tras un espeso silencio…

—¿Mamá? ¿Se ha cortado?... ¡Mamá!…

—No, hijo, no, estoy aquí… Verás… El editor me dice que me va a alojar en su casa.

—¡¿Qué dices?!	–rugió–. ¡Me lo figuraba! ¡¿Te das cuenta cómo no puedes andar sola por ahí como cabra sin cencerro?! ¡Vete a un hotel inmediatamente! ¡No te vayas con ese tío a su casa! ¡No te vayas, mamá!

—Mira, hijo, ya soy mayor de edad. Me ha explicado que aloja en su casa a todos los autores que no son de Barcelona. Te puedo asegurar que tiene buena pinta. Parece un tío «majete». No creo que me pase nada, además, tiene un hijo de quince años que vive con él. ¿Tú te crees que la gente está loca? ¿Qué me va a hacer un señor que me ha presentado un amigo y que, además, sabe que mi familia está al tanto de este viaje? ¡Por Dios, Fernando, reflexiona! ¡Fernando!… ¡Fernando!… ¿Estás ahí?

Silencio absoluto… Imaginé, medrosa, que podía estar dando saltos compulsivos con los pies juntos, le ocurre con cierta frecuencia cuando no controla una situación.

—Está bien. Ya te conozco, mamá –dijo muy serio–. Al final harás lo que te dé la gana, como siempre. Yo no me hago responsable de tus actos.

—Hijo, no dramatices. ¡Ah! ¡Y no digas nada a tus hermanos! ¡No quiero que me den el viaje! Te llamaré en cuanto lleguemos. Un beso. Adiós.

Editor y ayudante aparecieron con las cajas que habían estado preparando y se dirigieron hacia un utilitario de marca irreconocible, por el polvo, que parecía abandonado en la calle. Apartando unos trapajos y herramientas dispersas, colocaron la carga en el maletero. Acto seguido, mi flamante editor abrió la puerta del acompañante para que me sentara. Jesús tomó asiento detrás.

El estado del interior del coche era tan desalentador como por fuera, la única diferencia apreciable era que la tapicería de los asientos (esta vez sí) brillaba por efecto del uso. Me senté con cuidado de no tocar nada y puse el bolso sobre mis rodillas.

Así fue como emprendimos viaje hacia Castelldefels, en cuyo centro cultural municipal se iba a presentar el libro.

Después del acto, y de la venta de libros, José me presentó a unos amigos suyos. Quedamos en cenar con ellos después de las actuaciones musicales que estaban anunciadas a continuación y que ellos tenían mucho interés en ver.

—Me vais a perdonar –dijo José–, he madrugado mucho y estoy cansado. Nosotros os esperamos fuera. Nos buscáis a la salida. Estaremos en la terraza.

—Bueno, yo me vuelvo a Barcelona –dijo Jesús, despidiéndose de todos.

—Pues hasta el lunes. Nosotros tenemos que trabajar este fin de semana en el orden del poemario de Luz.

—Adiós, Jesús, encantada de haberte conocido.

—Igualmente, Luz. Igualmente.

Salimos al agradable patio arbolado en el que estaban dispuestas las mesas de la cafetería del centro cultural. Nos sentamos en la única que estaba libre, bajo una acacia. José pasó la mano por encima para apartar las olorosas flores caídas.

—Pan y quesillo –dije yo.

Me miró con curiosidad.

—Pan y quesillo era como llamábamos los niños a las flores de las acacias. Nos las comíamos. Sabían dulcecitas. Muy ricas. El patio de mi casa se nevaba de ellas en primavera –aclaré.

—¡Ah!, ja, ja, ja… creí que querías pedir pan y queso.

»¿Qué vas a tomar?

—Una cerveza.

—Yo también. Sin alcohol –dijo él.

—Yo la prefiero alcohólica, ja, ja, ja…

—Ja, ja, ja… ¿Tienes hambre?

—No mucha, y si luego vamos a cenar…

—Pues, yo sí. Esto va a terminar un poco tarde y no aguanto hasta la hora de la cena. ¿Te gusta la tortilla de patata?

—Claro, ¿a quién no?

Preguntó al camarero si había tortilla. Pidió dos pinchos y las cervezas. Después siguió indagando, con interés, sobre mi situación personal. Le expuse, someramente, que estaba separada desde hacía algo más de seis años, y que tenía tres hijos y cinco nietos.

Devoró su pincho de tortilla en un pispás y se comió lo que quedaba del mío, sin dejarme terminarlo. Tan «sueltecito» él.

Me miraba, entre bocado y bocado, y sonreía, satisfecho.

—Desde luego, cualquiera diría que eres abuela… No doy crédito…

Para despejar el ambiente le pregunté por su propia obra literaria. Me dijo, escuetamente, que me enseñaría lo que tenía publicado.

Luego, sin que yo entrara a preguntarle sobre su vida personal, me puso en antecedentes de que estaba divorciado, dos veces, y tenía un único hijo nacido del segundo matrimonio.

Interesado en mi proyecto de seguir escribiendo, en esta segunda ocasión, tal vez novela, me preguntó:

—¿A que no cambiarías tu nueva vida por nada?

—Por nada –contesté–, desde luego. Puede que nunca obtenga el reconocimiento de los lectores, pero, en este momento de mi vida, tengo la sensación de haber alcanzado una meta.

»Nunca había pensado en escribir, y menos en publicar un libro, hasta que viajó a Madrid mi tía Aurora, desde México, para vivir conmigo dos meses. Entonces materialicé la idea.

»«Lo que más necesitamos es una persona que nos obligue a hacer lo que sabemos» (Ralph Waldo Emerson).

—¡Chica, qué erudición y qué pensamiento más bonito!

—Ya. La verdad es que no tiene mérito. Es una cita que he leído hace poco y que memoricé porque pensé que estaba hecha a la medida de mi nueva situación.

»El viaje de mi tía no fue casual. Vino a despedirse de nosotros, de su familia de España. Me confesó, llena de valentía, que tenía un problema muy grave de corazón. Murió poco más de un año después.

»Ella era escritora. Muy buena y muy reconocida en México. Uno de esos niños llamados «De Morelia» que fueron evacuados de España para evitarles los rigores de la guerra. Jamás cerró la herida abierta por el exilio forzado.

»Creo que su venida fue una señal, de esas en las que también cree mí admirado Fernando Sánchez Dragó. Una vez le escuché decir que la vida está llena de señales que nos dejan perplejos, y que trascienden lo razonable.

—¿Conoces a Sánchez Dragó?

—No. Bueno, sí… fugazmente. Lo vi en la Feria del Libro de Madrid, hace dos años. Me acerqué, por curiosidad, al estand donde firmaba. Estaba solo y con la vista baja leyendo. Dejó los papeles que manejaba y se puso en pie. Me preguntó si quería comprar uno de sus libros y que si le había leído antes. Le contesté que, allá por los setenta, su libro de culto: *Gárgoris y Habidis*. Le pedí que me eligiera uno a su gusto. Me ofreció un ejemplar de su publicación de ese año: *Muertes paralelas*. Me lo dedicó así: «Para Luz… ¿Estás a la altura de tu nombre? Con mi amistad». Puede que me atreva a mandarle mi poemario, cuando lo edites.

—Harás muy bien. Le gustará, estoy seguro.

Llamó a la camarera y pidió otra cerveza para cada uno.

—Está buenísima, tan fresquita.

—Sí. Me encanta. Además, es estupenda para la salud. –No le comenté que tenía un montón de propiedades organolépticas para no asustarlo, ya había tenido bastante con la cita de Emerson.

Miró el reloj…

—Son las doce, se me ha pasado el tiempo volando.

—¿Qué habrá sido de esta pareja?... Tardan en salir. Vamos a la sala a ver qué pasa…

Resultó que el espectáculo acababa de terminar. Los buscamos entre la gente, sin resultado.

Miró en los camerinos. Después salimos a la calle. Le pregunté por ellos a un fotógrafo apostado a la salida. Dijo que se habían marchado al hotel porque estaban cansados, que nos habían estado buscando, pero no nos habían visto.

—¿Qué hacemos? –dijo–. ¿Tienes hambre? ¿Cenamos por aquí?

—No, ya es muy tarde, y la tortilla me basta.

—Pues sí que comes tú poco, chica, así estás de delgada.

—No creas que como tan poco. Pero si tú quieres cenar, vamos.

—La verdad es que mientras llegamos al campo...

—¿Cómo al campo?

—Vivo a unos cincuenta Kilómetros de Barcelona, pero se llega pronto, casi todo el camino es autovía.

—Bueno –dije–. Pues, vámonos… mañana tenemos que hacer.

Mientras José acomodaba una caja con libros que habían sobrado de la presentación, aproveché para llamar a Fernando antes de que se hiciera más tarde.

Descolgó tan dormido que apenas se enteraba de nada y, omitiendo el detalle de que nos dirigíamos hacia el campo, le dije que ya le llamaría al día siguiente por la mañana para darle la dirección de la casa. Farfulló algo ininteligible y aproveché para colgar volando.

Tomamos asiento en el coche y emprendimos el camino.

—Mi hijo dormirá en Barcelona, en casa de unas amigas mías. Si no lo recojo antes de las diez de la noche, la consigna es que duerme en su casa.

¡Dios mío!, pensé, inquieta. Pero enseguida reaccioné porque me pareció que en mi nueva vida de escritora, y a estas alturas de la película, no cabía la ñoñería; además, José tenía un aspecto de lo más bonachón y pacífico. En cualquier caso, la suerte estaba echada.

III

Conducía suavemente, de acuerdo a su personalidad.

Abandonamos la autovía para adentrarnos en una carretera comarcal de doble dirección. Treinta minutos después, aproximadamente, llegamos a las afueras del pueblo.

Unas luces mortecinas apenas alumbraban la calle de la urbanización cercana al núcleo urbano. No se veía vida en las casas, más apagadas que un monasterio cisterciense.

Se detuvo ante la más apartada de todas y se bajó del coche. Se dirigió a la puerta y me invitó, galantemente, a salir. Abrió el maletero para sacar mi equipaje y la caja de libros. Yo coloqué el neceser de aseo sobre mi maleta-tráiler, para llevarlo más cómodamente, pero José me dijo que él podía con todo. Lo sopesó, brevemente, y finalmente dijo:

—Coge sólo tu neceser. Yo te llevo la maleta.

Acto seguido se dirigió hacia la casa y, aproximándose a la herrumbrosa puerta, procedió a abrir trabajosamente un cerrojo interior que finalmente corrió; luego, empujó la puerta, que cedió chirriando con un lamento como en las películas de miedo.

Ante mis ojos se mostró una empinada, oscura y estrecha escalera que, arrancando desde la misma entrada, ascendía por la fachada derecha.

—¡Pasa! Sube delante, que yo te sigo…

Le precedí en la inquietante ascensión, echando de menos el cuchillo de montaña que siempre llevo para las marchas serranas en la mochila; por dos razones fundamentales: el desbroce de los matojos que interrumpían el paso y, no nos vamos a engañar, porque empezaba a creer que Fernando no andaba tan descaminado en sus apreciaciones.

José, arrastrando la maleta y con la caja de libros apoyada en la cadera, llegó sin resuello al final del segundo tramo. A duras penas le entendí balbucear que se notaba que llevaba tiempo sin hacer deporte.

Rebuscando en sus bolsillos, extrajo una llave que abrió la puerta de entrada. Dio la luz, que apenas iluminó el recibidor, y se adentró en las tinieblas para encender la del salón.

Soltó la maleta y depositó la caja sobre una mesa alta, situada ante una librería acristalada, abarrotada de libros, que ocupaba toda la pared de la izquierda.

A la derecha, un sofá de tres plazas colocado de espaldas, dividía la estancia en dos ambientes. Frente al sofá, un mueble para el televisor y una mesita baja. Un sillón de una plaza y dos muebles pequeños y sencillos completaban el mobiliario, amén de un planchero desplegado entre dos de las tres puertas de la pared del salón, seguida al pequeño pasillo de entrada, con la plancha reposando en alto.

Tres amplios ventanales rematados en arco, que ocupaban toda la pared del frente, se abrían a la fachada principal.

Para desinhibirme, me puse a echar un vistazo a los pocos cuadros que decoraban la pieza y me parecieron de buen gusto. Se lo dije, y también que me encantaban las casas llenas de libros. Asintió, complacido.

—Hace una semana que no paro por aquí, he estado de viaje. ¿Quieres tomar algo?

Sin esperar mi respuesta entró en la cocina, una de las tres puertas que tenía el salón, y, encendiendo la luz, se dirigió a la nevera.

—Vaya, no puedo ofrecerte nada –dijo, husmeando en el interior.

Lo único que había en la nevera era un mustio e inservible ramo de acelgas y algún resto de fruta en las mismas circunstancias. Abrió el congelador.

—Tengo pan. ¿Te lo tuesto y te pongo un poco de aceite? Es de Jaén, de mi tierra.

—Bueno, como quieras –dije por no desairarle.

Puso a tostar dos gruesas rebanadas de pan payés. Por el tamaño del tostador, casi de hostelería, supuse que era el plato estrella de la casa.

Descorchó una botella de vino tinto –«¡del Priorato!», dijo, feliz– y sirvió dos vasos. Los llevó hasta la mesa del salón en la que había dispuesto, previamente, un desgastado mantel calado con un agujero, y brindamos en el aire.

Volvió de la cocina con el plato de las tostadas y, no viendo que hubiera puesto cubiertos, hice lo que él: coger la mía con la mano. Me supo muy rica, y el vino también. Me gustan los vinos con cuerpo.

—Mañana por la mañana, después de desayunar, leeremos juntos el poemario y me enseñas el orden en el que quieres que se pongan los poemas.

—Sí, ya los he colocado como me gustaría, pero admito que

sugieras cambios. Tengo alguno en el horno… ¿Se puede añadir más adelante?

—Desde luego, puedes escribir y mandarme lo que quieras, hay un mes de tiempo, aunque no conviene que un poemario sea muy extenso; hasta cuarenta poemas estaría bien.

Cuando terminamos, se puso en pie para enseñarme la casa. Solamente quedaban por explorar dos puertas…

Abrió la primera y me enseñó su dormitorio. Un ingente montón de ropa sucia, a la derecha de la entrada, indicaba claramente que estaba en la guarida de un hombre completamente asilvestrado.

—Este fin de semana tengo que lavar. ¿Quieres dormir aquí?

—¿En tu dormitorio? No –le contesté conmovida por la deferencia. (La verdad es que yo no le cedo mi dormitorio a nadie.)

—De acuerdo, pues vamos al piso de arriba. Pensé que aquí estarías más cómoda y no tendrías que subir y bajar la escalera.

—No te preocupes, en mi casa la subo doscientas veces al día. Mi dormitorio está también en el primer piso. Gracias, José.

La segunda conducía a la escalera. Se hizo cargo de mi maleta y ascendió meritoriamente porque, para ser justa con Fernando, la verdad es que pesaba como una piedra.

—Aquí tienes el baño –dijo abriendo la puerta izquierda del fondo del pequeño rellano, que tenía otras dos, mostrándome un aseo, aceptable en lo básico, pero sin el menor asomo de lugar alguno en donde desplegar mi arsenal de potingues.

—Muy bien. ¡Qué grande es!

—La del fondo es mi despacho. Si quieres puedes usar el ordenador… Este es tu dormitorio…

Pasamos a una amplia estancia con una cama de matrimonio en el centro y una cama turca a la izquierda. Vi que había una mesilla con lámpara. Estupendo, así podría leer un poco para conciliar el sueño; había tenido tantas emociones ese día que me iba a costar dormir.

Mientras él colocaba la maleta sobre la cama pequeña, fui a abrir la ventana.

—Ten cuidado, aquí hay muchos mosquitos. Se debe abrir al apagar la luz.

Pasé al baño para dejar el neceser que se había quedado en el descansillo de la escalera.

Una enorme escolopendra, que dormía plácidamente en la bañera, se espabiló indignada y nos saludó, amenazante, con el rabo alzado y las pinzas abiertas de par en par. Y no habíamos hecho más que empezar…, a tenor del estado de selva amazónica que presentaba el jardín.

—No te asustes, por favor. ¡Vaya, qué contrariedad!

—No, si no me asusto, no te preocupes.

—Espera, no te acerques, no tardo nada.

Bajó y subió, raudo, con un insecticida.

—No te molestes –dije–, es un miriápodo. Sólo valdría el de matar cucarachas y este es contra mosquitos. La vas a hacer sufrir inútilmente y no te la vas a cargar, además, a mí no me gusta matar animales. Si tienes un plumero se lo acercamos, a ver si se engancha y la sacamos al jardín.

Me miró con extrañeza y me dijo que no tenía plumero, pero que trataría de no hacerle daño.

—Toma, quédatelo –dijo dándome el insecticida–, por si te hace falta esta noche para los mosquitos.

Acto seguido, procedió a abrir la ducha de teléfono y, de modo inmisericorde, obligó al animalito a desaparecer por el sumidero para después poner el tapón y así impedirle la vuelta. Me pareció un acto de lo más salvaje.

Le di las buenas noches, contrariada, y pasé a mi habitación. Él vino detrás de mí y se quedó en la entrada…

—¿Puedo quedarme a dormir contigo? –dijo dulce y plácidamente, como el que no quiere la cosa…

—¿Qué?

—Que si puedo dormir contigo –expresó, alto y claro.

—Ja, ja, ja… –risita mía nerviosa–. ¡Bueno, hasta mañana, que descanses! –logré balbucear.

Y dando a mi editor un ligero, aunque suficiente, empujoncito con el índice, cerré la puerta, estupefacta.

Ya a solas consideré mis posibilidades de defensa:

La puerta no tenía cerrojo, pero había otra en la habitación que daba a una terraza trasera y que estaba a la misma altura del jardín. Levanté previsoramente la persiana hasta arriba, para tener la retaguardia expedita ante la eventualidad de un ataque imprevisto. (La idea de una huida inmediata fue desechada por mi lado más sensato, por no perderme en la noche en un lugar desconocido.)

Coloqué la silla, inclinada, bajo la manilla de la puerta, para atrancarla; como había visto recientemente hacer a la protagonista, en circunstancias parecidas, de una película de Hitchcock.

Conecté el teléfono móvil y comprobé que estaba llena la batería. Marqué el 112 y lo dejé preparado en la mesilla.

Puse a mano el insecticida, para usarlo como espray antiviolación en caso de necesidad, y me tumbé vestida sobre la cama.

El corazón me latía con fuerza y me puse a pensar en Fernando. No era cosa de llamarlo para contarle mi situación, desde luego, porque seguramente lo iba a encajar muy mal.

Miré el reloj… Entre pitos y flautas se habían hecho las dos de la mañana.

¡Qué tío!, ¡qué tío!..., pensaba flagelándome, y haciéndome a mí misma toda clase de reproches, mientras entraba en innumerables consideraciones de los aspectos de la cuestión:

Un tío salido es peligroso, desde luego, pero una tampoco es manca y puedo ser muy burra si me lo propongo.

Pero ¿cómo te va a abordar a la fuerza?, ¿acaso está loco?… Si fuera un «zumbao» no te habría preguntado si podía dormir contigo. Sencilla y llanamente, se hubiera tomado la licencia sin más preámbulos.

¡Qué tío!, ¡qué tío!, me repetía compulsivamente.

¡Vaya nochecita que voy a pasar!, aventuraba, objetivamente equivocada, al no valorar mi capacidad para quedarme dormida aun en las circunstancias más adversas.

Debería rezar a ver si me tranquilizo y, además, servirá para ahuyentarlo, decidí, supersticiosa…

Continué hilvanando algún que otro pensamiento negativo y creo recordar, vagamente, haber empezado una oración…

IV

Me desperté a las nueve. Comprobé, aliviada, que la silla no se había movido. Levanté la persiana. Desde la ventana, la vista del espléndido día me hizo recobrar la presencia de ánimo.

No se escuchaba ningún ruido en la casa.

Me preocupaba la idea de afrontar el encuentro con José, después de la traca final de la noche.

Estaba arrepentida de haber tomado la decisión de viajar a Barcelona para firmar el contrato. La verdad es que podía haberlo gestionado todo desde Madrid, pero la ilusión de mi primera publicación me pudo.

Contra mi costumbre, deseché la idea de bajar en bata a desayunar, para no tentar al demonio, y me vestí con un pantalón de deporte y una camiseta amplia.

Bajé la escalera de puntillas, procurando no hacer ningún ruido. Todo estaba desierto.

Busqué un vaso en la cocina y lo fregué exhaustivamente, antes de llenarlo de agua del grifo. No sabía mal.

Abrí los ventanales del salón, que dejaron entrar la luz de un día tan bueno y caluroso como el anterior, y salí al balcón corrido.

La construcción de la casa, aprovechando la máxima altura del terreno, ofrecía una magnífica vista.

Un bosque de pinos se extendía hasta el horizonte. Olía fuertemente a tomillo y romero. Respiré hondamente, recordando las mañanas en las que amanecía en la sierra de Madrid.

El jardín, lleno de maleza, estaba formado por dos anchos bancales escalonados que salvaban la distancia hasta la calle.

A la izquierda, la escalera que habíamos remontado la noche anterior.

—Buenos días, ¿qué tal has dormido? –dijo José como si nada, apareciendo vestido con un pijama oscuro.

—Bien, gracias –contesté, no mintiendo, porque la verdad es que había dormido como un cesto.

—No hay nada para desayunar, ¿quieres que vayamos al bar del pueblo?

—Como quieras.

»Yo he traído kiwis y naranjas, por si no tenían en el hotel. Es lo que tomo todas las mañanas. Si te gusta la fruta podemos compartirla. El pan tostado con aceite de oliva de anoche estaba muy bueno.

»¿Tienes café y leche? –aventuré escéptica.

—No, no tomo café, sólo puedo ofrecerte té y leche de almendras, soy vegetariano.

Decididamente era un tío rarísimo y sin la menor consideración a sus invitados (para muestra lo de la noche anterior).

Fuimos a la cocina donde, mientras él preparaba dos tazas de té y tostaba el pan, yo montaba dos platos de fruta pelada.

Llevamos todo a la mesa del salón y nos dispusimos a dar buena cuenta del desayuno.

Decliné la oferta de la leche de almendras, porque el bote

me pareció sospechoso de haber sido sometido al nada deseable procedimiento de comerse la leche a cucharadas. Si él era
vegetariano, yo era muy escrupulosa, ¡no te fastidia!, ¡y mira
que no tener café con leche!..., ¡el colmo!

—¿Has bajado el poemario? Me gustaría releerlo y luego
podemos ir reconsiderando el orden.

»¡Hay que ver qué bien se está hoy en este salón!… Parece
otro –dijo, mientras me miraba beatíficamente, saboreando su
taza de té.

—Voy a buscarlo.

—De acuerdo, tenemos todo este magnífico sábado por delante. Sin prisas…

Bajé la carpeta y la coloqué sobre la mesa. Al poco, me revolví,
inquieta por mi estricta costumbre de ir al baño nada más desayunar. Los kiwis y las naranjas, para eso, son mano de santo.

Pensé decirle, a palo seco, que iba a hacer caca, por arrancar
de raíz cualquier veleidad como la de la noche anterior y porque
eso desilusiona hasta a los más entusiastas, pero, por urbanidad
y por leer mis versos en un mínimo ambiente lírico, me excusé,
y le dije que fuera echando un vistazo…

Asintió, despistado y con las narices ya metidas en mi carpeta
de trabajo.

Subí, corre que te corre, la escalera y, al entrar al baño, comprobé, con desasosiego, que la puerta tampoco tenía cerrojo.
¡Qué horror!

Consideré la posibilidad de sentarme sujetando el picaporte,
pero no me llegaba la mano porque la estancia era desconside-
radamente grande.

En un alarde de creatividad, opté por atar al picaporte el cable de mi secador de pelo y luego le di una vuelta alrededor del calentador eléctrico que estaba encima de la puerta. Quien empujase desde fuera tendría que arrancar, antes de pasar, el calentador y, además, le caería encima con secador y todo.

Me senté, reconfortada, aunque contrariada porque no me había llevado lectura…

Antes de ducharme quité el tapón de la bañera para ver si podía hacer algo por la pobre escolopendra, pero no se produjo ningún movimiento interior. Metí por el sumidero el mango de mi cepillo de dientes, y nada.

Dice mi amigo Sherpa que cuando me muera, si el cielo lo administra Buda, yo entraré.

La ducha fue también un sinvivir, porque la ventana, grande, por cierto, tenía un cristal traslúcido y daba justo sobre la bañera. Recé porque José siguiera leyendo poemas debajo y no le hubiera dado por darse un paseíto por la parte trasera de la casa.

Me arreglé someramente, no fuera a volver a las andadas de la noche anterior, y bajé al salón en donde lo encontré leyendo atentamente los poemas.

—Tienes una gran riqueza de lenguaje, Luz, y, además, bebes en las fuentes de los clásicos. Me gusta cada vez más lo que leo.

—Gracias.

—Has leído mucho y mucha poesía, ¿verdad?

—Sí, he leído bastante, aunque, comparativamente, mucho más de pequeña y de joven que de mayor. Me casé muy pronto y enseguida tuve hijos. Ya sabes lo que eso absorbe.

—¿No trabajabas fuera de casa?

—Estaba trabajando, antes de casarme, en el Banco Urquijo. Tenía un puesto estupendo para mi edad y para cualquier mujer de mi generación, en un departamento de nueva creación: Expansión y Producción. Era un trabajo más que interesante. Figúrate que yo fui la primera mujer que atendió en España al público en un banco. Ten en cuenta que entonces no teníamos ni firma para disponer de nuestro propio dinero en una cuenta corriente, sólo en cartilla de ahorros. No podíamos ni siquiera firmar cheques.

»Cuando me casé cometí el error de dejar el trabajo, aunque por otra parte era lo habitual. Un hombre que se preciara no consentía que trabajase su mujer. Ya ves qué bobada nos parece eso ahora, pero entonces era lo normal.

—¿Entonces consideras un error haber dejado de trabajar para casarte?

—Por supuesto, lo fue. Me dejó sin capacidad de decisión sobre mi vida. Eso sólo te lo da la independencia económica.

»Luego montamos un negocio en el que yo me incorporé a trabajar diez años después. Ese tiempo lo pasé criando a mis hijos. Con veintidós años ya tenía a los dos primeros. Segundo error: trabajar junto a mi marido. Eso no era verdadera independencia, era más de lo mismo.

»Digamos que he cumplido con el papel que nos tocaba a las mujeres de mi generación: trabajar y atender la casa y la familia.

»Era así. No conocí a ninguna pareja, aunque puede que hubiera alguna, en la que el marido considerara que debía asumir el cincuenta por ciento de las obligaciones domésticas.

»Ahora las cosas han cambiado, aunque creo que las mujeres siguen haciendo un sobreesfuerzo tremendo, por lo que veo a mí alrededor.

»En mi caso, la renuncia a la individualidad empezó, exactamente, en el momento en el que tiré al aire el ramo de novia.

»Cuando comencé la andadura familiar, me di cuenta de que, a pesar de ser una mujer progresista, debía dedicar a la crianza de mis hijos casi todo mi tiempo. «Mi tiempo» había pasado. «Mi tiempo» era de todos: de mi marido, de mis hijos y, en mi caso, hasta de mis padres.

»Como te digo… Cuando volví a trabajar en el negocio familiar, tuve la suerte de poder tener una muchacha en casa, pero, para atender bien a mis hijos, conseguí conciliar mi horario laboral con el del colegio. Estaba para levantarlos, para desayunar con ellos, para bajarlos al autocar del colegio, para esperarlos a la vuelta…, merienda, deberes, baños y cena…

»Además, siempre me ha gustado hacer yo la compra y la comida. Creo que la salud de la familia y la economía doméstica dependen, en gran parte, de eso.

»Por otra parte, la casa era muy grande y yo tenía que hacer muchas cosas.

»No me arrepiento. Ya ves, ahora vuelvo a encontrarme con «mi tiempo». La madurez te permite administrarlo mejor, a pesar de que ahora dispongo de menos medios económicos y tengo que atender a mi padre, que vive conmigo. No me importa. Adoro a mi padre. Es un cielo.

—¿Y cómo has retenido lo leído hace tanto tiempo?

—Pues, ni yo misma lo sé. Cuando empecé el poemario (ya sabes que lo he escrito en apenas tres meses) se me llenó la cabeza de palabras y de versos. Yo soy la primera sorprendida, además, nunca he dejado de leer un libro tras otro, aunque en la cama, al acostarme y, si te acuestas cansada como yo, durante muchos años, lees en menor medida. Ahora he vuelto a las andadas y leo bastante.

»¿Y tú cómo llegaste al mundo editorial?

—Ya sabes que soy andaluz. Mis padres eran trabajadores del campo. Vivíamos en un cortijo y teníamos un «señorito», como casi todo el mundo en Andalucía.

»Me he criado con una caterva de hermanos, medio salvaje, en el campo.

»Hice los primeros estudios en el seminario, como casi todos los hijos de campesinos que querían estudiar entonces. A mí no me tiraba la vida religiosa, como has podido comprobar –sonrió, pícaro–. Luego hice Filología Hispánica en Granada.

»Después seguí la ruta de la emigración a Cataluña, en donde me dediqué a la docencia. La editorial vino después, rodada. Me encanta lo que hago, aunque ya ves que no me ha hecho rico. Sólo publico lo que realmente me gusta y no siempre ha coincidido mi gusto con el de los lectores.

»He escrito siempre. Ya te regalaré lo que tengo publicado.

—Pues, mi único bagaje para escribir es la lectura y un bachillerato privilegiado, en todos los sentidos. Lo estudié en un colegio mixto, el Latino Español. Era un colegio, a todas luces, especial (aunque entonces no nos diéramos cuenta) y con una gran amplitud de miras para la época. Sigo en contacto con mis compañeros. Nos vemos a menudo. Luego, ya casada, empecé Derecho, como carrera formativa, pero no pude seguir. Eso es otra historia –dije, y me quedé callada…

—¿Me lo quieres contar?

—No, ahora no. Me trae muy malos recuerdos.

—Como quieras. Perdona la indiscreción. Entonces dime: ¿en tu casa había libros?, ¿desde qué edad empezaste a leer?, porque yo no es que tuviera muchos libros a mano.

—Verás, en mi casa había libros y puede decirse que bastantes para los tiempos que corrían...

»Mis padres compraban los que podían, aunque podían poco, como casi todo el mundo.

»También mandaba libros, desde Argentina, la mejor amiga de mi madre, la guapísima María Teresa. Había emigrado en el año 48. Era una gran lectora y, además, escribía muy bien, como mi madre.

»Mis primeros libros infantiles fueron los de la colección de *Celia,* de Elena Fortún, que ella fue mandándome poco a poco desde allí, hasta tener todos los publicados. Los conservo como oro en paño, como los que me regalaron mis padres: *Corazón*, de Edmundo de Amicis; de Julio Verne, todo, diría yo; James Oliver Curwood... Siempre recibía libros de regalo; en cumpleaños, en Reyes... Como buena hija única, vivía inmersa en la aventura constante y solitaria de la imaginación. Mi favorito: *La isla del tesoro*, de Stevenson. Verás que hay un poema dedicado a él.

—Sí, lo acabo de leer. Es un poema redondo y de una gran calidad literaria.

—Me alegra que te guste. No quería dejar de hacer un homenaje, en mi primer libro, al autor favorito de mi infancia.

—Lo voy a releer para ti. Verás qué gusto da escuchar en labios ajenos nuestra propia obra.

»«Venecia y Stevenson», lo titulas, y sostienes la calidad del poema en toda su extensión, porque es largo y no es fácil escribir un buen poema largo.

»Ahí va…

Me soñé capitana
de una nave pirata
en otra vida.

Bordeando su costa
arrié bandera,
tibias cruzadas, negra y calavera,
sólo por ver Venecia amanecida.

Una tormenta en ciernes
entra por el estuario.
Agita gallardetes de colores,
góndolas y penachos.

El viento riza el agua,
se endurece el timón
y al frente de mi barco cabecea
tallado el mascarón de una sirena.

El sol, en un recorte,
clava su espada de oro
en la panza plomiza de una nube
que avanza amenazante por el norte.

Ese momento justo,
ese instante, atrapado
para siempre en el tiempo,
no lo olvido jamás.
Encapotado el cielo,
plomo gris derretido,
el agua del canal.

Venecia misteriosa,
atormentada y en luz de amanecer;
cierro los ojos para volverte a ver...

»¿Qué te ha parecido, autora Luz Macías?

—¿De verdad crees que es bueno?

—He visto muchos libros premiados con menos méritos que este tuyo... ¡Vamos al bar del pueblo! No quiero que te quedes sin tu café.

V

El pueblo, pequeño y lleno de viñas, resultó ser, según me explicó José, el corazón de la comarca del cava.

Un vecino asomado a la terraza de su casa, exuberante de flores y frutales, nos saludó afectuosamente. Construida en sucesivos planos ascendentes, como la de José y todas las que estaban en la ladera del monte, en la margen derecha de la calle principal del pueblo.

Por encima de las construcciones, los pinos, apretados, se perdían hasta la cima.

A la izquierda, casas con jardines y huertos. Tras ellas, y hasta donde alcanzaba la vista, el vasto valle alternaba los viñedos con vegetación de monte bajo.

José se apresuró a presentarme al vecino como una autora que pasaba un fin de semana de trabajo con él.

El hombre bajó enseguida y nos franqueó el paso, al tiempo que arrancó dos nísperos del árbol que, a modo de espeso toldo, crecía cargado de los dorados frutos junto a la puerta.

—Ten, bonita. Pruébalos. Verás qué dulzor.

Me llamó la atención su ausencia de acento catalán, tenía, como José, un ligero deje andaluz, aunque menos marcado que él. Los nísperos estaban espectaculares.

—Pasar, pasar…

—No, Eustaquio. Ahora no pasamos, que «la bonita» no se pasa sin café por la mañana. Voy a presumir de ella en el bar. Ahora volvemos a hacer la compra, ja, ja, ja…

Entusiasmada con la idea de visitar la huerta y el jardín, me dio pena no quedarme.

—¡Ya verás qué huerta tiene! ¿Te gusta el campo?

—Me encanta. Yo también he tenido una.

—Pero ¿entiendes de cultivos?

—Relativamente. He plantado, cultivado y cosechado, si a eso te refieres, con más o menos éxito: tomates, lechugas, pepinos, pimientos, berenjenas, judías verdes, calabacines… El problema eran las plagas. Yo no quería fumigar con nada químico, para coger una cosecha lo más ecológica posible. Los hongos, los pulgones, las arañas y toda clase de diminutas y puñeteras criaturas me hicieron abandonar la afición. Quita mucho tiempo también, que no siempre he tenido. Pero cuando veo un huerto, me tienta siempre la idea de volver a él. Lo haré, seguro.

»Tengo la suerte de tener una vecina y amiga, Candi, que cultiva una huerta estupenda. Es muy generosa y me regala muchas cosas… ¡Qué diferencia de sabores! No puedes figurarte, además, lo bonita que la tiene. Los bancales, ya de por sí estéticos, se ven preciosos bordeados de rosales. Son muy atractivos para los buenos insectos y, con ese colorido, la fecundación de los cultivos se ve favorecida. Ella la disfruta un montón. Es portuguesa, de familia de campo. He visto otras veces esos huertos por Galicia.

Entramos en el bar y José pidió un café para mí. Él no tomó nada, radicalizado como estaba en el ascetismo de la idea vegetariana. Por mi parte siempre he procurado huir de todo aquello que me hiciera la vida más difícil. Creo, sinceramente, que el vegetarianismo restringe la libertad del individuo, en el sentido de que si te invitan, por ejemplo, a una cena, no eres libre de picotear tan a gusto. Además, tener que leer minuciosamente todos los ingredientes de cada producto del supermercado debe de ser un rollazo monumental. Por otra parte, José parecía un individuo normal para su edad, es decir, no veía yo por ninguna parte los efectos beneficiosos del «espartanismo» alimentario.

Reanudó la conversación por los derroteros de lo leído por ambos.

—Bueno… y de los libros infantiles, ¿adónde pasaste?

—A todo lo que caía en mis manos. Siempre que me quedaba sola en casa, y era muy a menudo, echaba mano de la biblioteca de mis padres. Creo que a los doce años ya había leído a Dostoievski, Shakespeare, Cervantes… hasta a Zola.

—¿Zola, con doce años?

—Pues, sí.

—Vaya, lo que me he perdido –dijo, pícaramente, en clara alusión a la noche anterior.

—Tienes mucha cara.

—No, no suelo. Es que me gustas mucho.

—Bueno, pues, sí, como te decía… he leído bastante de pequeña. Hasta los recortes del periódico que se ponían en el baño –dije, reconduciendo la conversación hacia el terreno escatológico.

—Sí, ja, ja, ja. Es verdad, antes no había en casi ninguna casa papel higiénico.

—Yo leía las partes incompletas de los rectángulos y me imaginaba lo que faltaba. Era genial.

»De ahí pasamos al papel de *El Elefante*. ¿Te acuerdas? Color café con leche. Por un lado rascaba y por el otro resbalaba –dije, en el colmo de la marranez más absoluta.

—Ja, ja, ja… Cuando en tu casa estabais con *El Elefante*, en la mía estábamos en la Edad de Piedra. Ya sabes que soy de campo, ja, ja, ja…

—¡Cochino! Ja, ja, ja –(Quién habló que la casa honró.)

—Hay que ver para la cantidad de cosas que servía el periódico, ¿recuerdas?

—Desde luego. Por ejemplo, para envolver el bocadillo. Bueno, para envolverlo todo. El pescado, en la pescadería; la fruta la ponían en cucuruchos de papel de periódico, y no nos pasaba nada. Era un milagro. ¡Figúrate la tinta que nos habremos tragado! Mi madre, hasta tapaba la paella para que sudara el arroz, decía, con papel de periódico.

»También servía para encender el brasero, la lumbre y la caldera de carbón de la cocina.

—Ahora todo se tira.

—Bueno, deja que haga efecto la crisis. Ya veremos.

—¿Eres pesimista en ese sentido?

—Sí, estoy segura de que esta vez será muy honda. Esta sociedad del bienestar es tan excesiva… Nos hemos pasado… Creo que veremos la vuelta al campo.

»Los jóvenes, sin trabajo, puede que tengan que tomar la

decisión de regresar a las casas abandonadas en los pueblos de sus mayores. Si llevan con ellos el progreso y aceptan, a la vez, la herencia ancestral, el campo sería muy distinto a lo que era antes: más justo y menos duro.

»Yo no tengo el legado de padres campesinos, como tienes tú. Es una herramienta de modo de vida que muchos van a tener que reconsiderar.

—Yo quiero volverme a mi tierra, al campo. Lo haré cuando pueda. No creo que termine mis días en Barcelona.

—Te alabo el gusto. Yo, nacida en Madrid, vivo cerca, pero en el campo, en Villaviciosa de Odón. Es un pueblo pequeño en lo que respecta al núcleo urbano. Se extiende por las urbanizaciones, aunque el pueblo sigue teniendo el tamaño adecuado, y han tenido el buen gusto de no permitir construcciones en altura. Por otra parte encuentras de todo, que es lo que te decía antes cuando hablaba de la vuelta al campo. Los pueblos ahora son cómodos, limpios y adelantados. Afortunadamente.

»Por cierto, es un pueblo precioso y con un pasado importante. ¿Sabes por qué se llama Villaviciosa? Es un arcaísmo: por la exuberancia de la vegetación. A vista de pájaro todo son árboles.

»Tenemos un paraje único llamado El Forestal, que es la primera escuela de ingenieros de montes de España. También hay un palacio que habitó Manuel Godoy. En el castillo, que se conserva estupendamente y que es sede del Archivo Histórico Militar del Ejército del Aire, murió Fernando VI. Se retiró allí al quedar viudo de Bárbara de Braganza. Murió al poco tiempo porque, como sabes, no pudo superar la depresión que le produjo su pérdida. Tiene un jardín histórico hermosísimo. La plaza mayor también es muy bonita.

»Yo vivo en El Bosque, una urbanización del pueblo. Te puedes figurar que llamándose así es porque el enclave es un bosque. Un sitio idílico, me encanta.

»Bueno, que no paro de hablar. ¿Vamos a confraternizar con tu vecino? Estoy loca por cotillear la huerta.

—Vamos…

Nos recibió, encantado porque yo demostrara tanto interés en su huerta, y la verdad es que era preciosa.

—Eustaquio, es usted un huertano paisajista. No he visto nunca una huerta más bonita –dije por halagarle, porque la de Candi le andaba así, así.

—Mi trabajo me cuesta. Los años no pasan en balde, pero en cuanto me levanto y desayuno me lío a quitar malas hierbas escardando por aquí y por allá…

Frutales y flores componían un precioso jardín. Ni un sólo árbol ornamental. Todo útil.

Ascendimos dos bancales de matas de tomates, pimientos, cebollas, calabacines, perejil…, hasta un tercero de patatas para recolectar. Con una azadilla que tenía apoyada en el tronco de una higuera, ahuecó la tierra en torno a una mata, ya amarilleada como las del resto del bancal, y tiró de ella metiendo, al tiempo, la mano en la tierra removida. Se produjo el milagro: extrajo una ristra de cuatro patatas, una gruesa y las otras medianas, lisas y ovaladas en forma de riñón.

—¿Tienes bastante con estas, José?

—No, saca unas pocas más.

—Vale. Lleva las que quieras. Ya ves cómo han «agostao». Con este calor las tengo que sacar todas.

Mientras recogía las patatas, me entretuve mirando el gallinero que había al fondo del bancal. Media docena de gallinas se afanaban en el picoteo de la tierra y de unos restos de mondas de manzanas y naranjas.

—¿Qué les da de comer? –pregunté.

—Las gallinas comen de todo. Mi mujer tiene un cubo en la cocina para echar los desperdicios de la comida. En esta casa no se tira nada, pero eso no quita, hay que darles su pienso. Hasta las cáscaras de huevo se comen y son muy buenas, ¡pero ojo!, que son muy listas…, hay que machacarlas bien para que no noten qué es, porque si no se comerían sus propios huevos.

—De aquí son los que consumo en casa. No compro nada fuera. Sólo como lo que me vende mi vecino, ¿verdad?

—¡Ya lo creo! –contestó–. ¡Y bien sano que es todo! ¿Te gusta esto, maja?

—Desde luego, me encanta.

—Pues pasa al gallinero y coge tú misma los que han puesto hoy. Más frescos, imposible.

Recogí los seis huevos del día. Un huevo de cada una. Qué cumplidoras.

Después de hacerle algunas preguntas sobre el clima y los cultivos, bajamos hacia la entrada de la casa. En el garaje, utilizado como almacén, tenía algunas cajas con lechugas, pimientos y cebollas. También había más huevos en una cesta de esparto. Unos tomates en rama colgaban de una cuerda tendida en el techo. José compró tomates, cebollas y una lechuga. Las patatas y los huevos no los quiso cobrar.

—Te los regalo, maja.

—Muchas gracias. No sabe lo que aprecio el obsequio. Me va a saber todo a gloria.

A la salida, se paró a recoger nísperos del árbol de la entrada, que también nos obsequió.

Nos despedimos, dando otra vez las gracias, y nos marchamos hacia la casa de José con nuestro tesoro comestible.

—¿Organizamos la comida? –dijo José–. ¿Qué te parece que hagamos con esto?

—Si quieres, puedo preparar una tortilla de patatas y ensalada.

—¿Tú?

—Sí, claro, no tardo nada.

—Como quieras, pero es que no estoy acostumbrado a mujeres que propongan cocinar.

—A mí me encanta. Verás qué pronto se hace la tortilla en el microondas.

—¿Haces la tortilla de patatas en el microondas?

—Desde hace muchos años. Verás qué fácil y qué poco se mancha la cocina. Tú pon la mesa.

—Si quieres lavo los nísperos.

—Vale…

Me puse a pelar las patatas que olían a raíz fresca. Pensé que podrían dar mal sabor a la tortilla y se lo dije a José.

—No, ya verás que no. En este tiempo siempre las consumo así y no saben mal, al contrario.

Le pedí un cacharro de cristal, con tapa, apto para microondas. Se afanó en buscar uno que encontró muy al fondo del armario de cocina.

Pelé la patata gorda y otra más, mediana, y las partí en rodajitas. Le añadí una cebolla pequeña, muy picadita. Luego regué con el aceite que quería que quedase, para no tener necesidad de escurrir y para que resultara jugosa, y le puse sal. Removí con tenedor y, tapado, lo metí en el microondas diez minutos. Mientras tanto lavé la lechuga y los tomates para la ensalada.

Había dos cuencos de cerámica en la encimera. Parecían limpios, pero los enjuagué. Uno para la ensalada y otro para batir los huevos, pensé.

Escurrí bien la lechuga y la fui retorciendo con las manos para partirla. La fragancia que desprendía era estupenda. Luego le añadí los tomates que también olían a gloria.

—¿Le pongo un poco de cebolla? –pregunté.

—Sí, me encanta. Y como no me vas a dejar darte ni un beso…, ja, ja, ja…

—¡Anda!, ¡trasto!…

—¿Quieres que abra una botella de vino de la tierra?

—Me parece muy bien. ¿Has puesto la mesa?

—Sí, aunque no sé si estará a tu gusto. Ven a ver…

El mantel de la noche anterior lucía, en todo su esplendor, con el agujero en medio. Dos platos, dos vasos, tenedor y cuchillo, tirados a la remanguillé, completaban la decoración. Sonreí, pero no dije nada.

—¿Está fatal, verdad? Anda, ponla tú bien, así aprendo.

Hice un doblez central a la tela del mantel, para esconder en su interior el agujero. Coloqué a cada lado de la mesa, uno frente al otro, los platos y los cubiertos, tenedor a la izquierda y cuchillo a la derecha.

—¿Tienes copas para el vino? Está tan bueno que merece la pena tomarlo en copa.

—Sí, en la vitrina de la cocina, pero no se usan nunca.

—No pasa nada. Las fregamos.

José se encargó de hacerlo y de dejarlas relucientes con un paño.

Mientras tanto, saqué las patatas del microondas y les di unas vueltas con el tenedor. Tapadas, las puse a cocinar otros diez minutos. Casqué cuatro huevos en un bol. El color y la forma de la yema, anaranjada, redonda y alta, eran bastante diferentes a los del supermercado. Los batí poco, para que la tortilla compactara mejor y estuviera más jugosa, y les puse un polvillo de sal. Los veinte minutos de microondas terminaron de hacer las patatas. Las mezclé con el huevo. Regué de aceite la sartén, suficiente para remojar todo el fondo. Cuando empezó a calentarse, puse la mezcla a cuajar a fuego bajo. No me gusta calentar demasiado el aceite; da mal sabor porque se degrada.

Mientras se iba haciendo la tortilla, poquito a poco, aliñé la ensalada y la coloqué en el centro de la mesa con una cuchara y un tenedor para servirla.

Cuando volví a la cocina, la tortilla ya «me hacía ojitos», y le di la vuelta. Dos minutos más y al plato más grande y liso que encontré, investigando.

En una media hora estuvo preparada la comida.

José se sentó, satisfecho, a la mesa.

—Qué gusto… una mujer como tú.

—Como yo hay muchas, José. No exageres.

—Fíjate, sólo colocando bien los platos y los cubiertos, la mesa parece otra.

—¡Pues, claro! Anda, sirve el vino.

Sirvió las copas y brindamos…

—¡Por tu libro!

—¡Por su editor!

Un cuarto de la hermosa tortilla, para cada uno, que resultó exquisita; las patatas y los huevos recién cogidos le daban un sabor y un color estupendos.

—¡Está riquísima, chica!, y qué fácil. Ya te he visto cómo la haces y la voy a hacer siempre así. No se mancha nada. Eres muy «pija» poniendo la mesa, pero da gusto verla, aunque hay que reconocer que mejor es lo que le pones encima. Ya ves qué comida más buena con cuatro huevos y unas patatas.

—¡Menuda suerte tenemos de ser españoles! –dije–. Qué buena cocina hay de norte a sur de España.

—Desde luego. ¿Y todos los días comes así, con la mesa bien puesta? Yo como casi siempre solo o con mi hijo y la verdad es que no me ando con tantos remilgos, pero tengo que reconocer que me gusta ver la mesa así. En copa, hasta parece mejor el vino.

—No lo dudes. Yo como todos los días así: con mantel o mantelitos individuales, servilletas de tela, servilleteros, copas… ¿Para qué quiero las cosas si no?

—¿Síii…? ¿Y las prisas?

—¡Pero, si se tardan dos minutos! Así me han enseñado y así

he enseñado yo a mis hijos. De todos modos es hermoso comer civilizadamente, estéticamente, me refiero.

—No sé si será por cómo pones la mesa o por lo que le pones encima, pero tú me tienes que contar a mí de qué te alimentas para estar así de joven. Te lo digo en serio y, de paso, quería pedirte disculpas por lo de anoche. No me lo tomes a mal, pero es que tu aspecto me confundió, vaya –dijo embarazosamente–, en toda mi vida se me ha ocurrido requerir de amores a una mujer de tu edad. De hecho, es que me gustan bastante jóvenes.

—Ja, ja, ja… Pues, por eso te ha pasado lo que te ha pasado. ¿No ves que soy un carcamal? Estoy educada como una mujer de mi generación. Necesitamos más preámbulo.

—¿No me digas que desde que te has separado no has tenido ninguna relación?

—Eres muy curioso. Pero te diré que sí. Sí las he tenido.

—¡Mira, mira! En plural.

—En dual.

—Yo voy a ser el tercero –dijo sonriente.

—Me voy esta tarde –contesté.

—Pero ¿qué dices? ¿No ibas a quedarte el fin de semana?

—Iba, pero ya no.

—Ya, no me digas más; yo tengo la culpa –dijo, apesadumbrado–. ¿Cómo se me habrá ocurrido volver a las andadas? No te enfades, por favor.

—No, si no me enfado.

—Bueno, cuéntame de todos modos qué comes o qué haces para estar así.

—Si te empeñas…, pero no creas que hago cosas muy extraordinarias.

—¿Haces deporte?

—Sí, moderadamente y, además, me encanta andar por el campo. Ya verás el poema «El curso medio del río».

—Ya lo he leído.

—Pues, está escrito a orillas del Guadarrama –indiqué–. ¡Mira, puede que eso sea una parte!

—Puede, no; seguro –aseveró José.

—No creas que es sólo la marcha; es un momento de meditación, diario, en la soledad del campo.

»Ahí escuché gritar a la mariposa. Ese es el motivo del título de mi libro: *El grito de la mariposa.* Un grito… en soledad.

—Pero ¿es verdad que has oído gritar una mariposa? –dijo, estupefacto–. Lo de la soledad, lo entiendo. El poeta siempre está solo.

—Pues, sí. La oí gritar, desde luego, aunque precisamente ese día no iba sola. Iba acompañada de una persona cuya presencia, en ese momento de mi vida, puede decirse que me era enteramente grata.

Enarcó las cejas con curiosidad, pero yo no estaba dispuesta a decir nada más. Se dio cuenta enseguida.

—Cuéntame cómo fue. No puedo creerme que una mariposa grite.

—Iba andando, con él, por una carretera de bosque y la vi de lejos… Era tan grande que me pareció un pájaro pequeño caído en el asfalto.

»Al acercarnos me di cuenta de que era una mariposa, aunque era fácil la confusión porque el aspecto era casi de pájaro, por el color parduzco y el tamaño de las alas plegadas. Daba un poco de repelús, no sé por qué…, a mí las mariposas no me dan miedo. Luego he leído que en la antigüedad a esta especie en particular se la consideraba un signo de mal agüero. Se llama «esfinge de calavera» y, efectivamente, aunque aquel día no lo aprecié, la he visto en mi libro de mariposas y tiene una calavera dibujada en el dorso.

»La aparté con mucho cuidado con la punta de mi bastón de campo para que no la atropellaran. Ahí fue cuando lanzó un grito, casi humano, espeluznante; no muy fuerte porque debía estar medio muerta, pero nítido. Nos quedamos atónitos. Si hubiera ido yo sola ese día no sé si hubiera pensado que eran imaginaciones mías.

—No es para menos. ¡Qué cosas se aprenden todos los días! ¿Verdad?

—Desde luego. Mi curiosidad no tiene límites.

—¡Pues, esa es otra parte del secreto de tu eterna juventud!

—No me lo digas más, que me lo voy a acabar creyendo, ja, ja, ja…

La comida transcurría plácida y amena. La ensalada estaba extraordinaria. Los tomates, aún templados del sol, eran una delicia. José se levantó y retiró los platos sucios. Volvió de la cocina con los nísperos pelados, sin huesos y partidos. Dulces y sabrosos, como no recordaba haberlos comido antes.

—¿Sabes que el que nísperos come, espárragos chupa, bebe cerveza y besa a una vieja, ni come, ni chupa, ni bebe, ni besa? –le espeté, divertida.

—¡Vaya, no tenía ni idea!

—Lo que tampoco sabes es que si el níspero es dulce, el espárrago tierno, la cerveza fresca y madre la vieja, come, chupa, bebe y besa.

—El tiempo a tu lado se pasa volando. Eres muy amena.

»¿No reconsideras la posibilidad de quedarte hasta mañana, como era tu primera intención?

—No, me marcho esta tarde, ya te lo he dicho. Desde que mi hijo sabe que no estoy en un hotel, sé que estará intranquilo.

—Como quieras. Créeme que lo siento. Ahora que lo dices… Voy a llamar al mío para recogerlo en Barcelona. Los dos te acompañamos a la estación, para que veas que es verdad que tengo un hijo que vive conmigo.

—Pero ¡si te creo!

—Otra cosa que me tiene admirado de ti –dijo– es el talante de persona joven, actual. Pareces una chica de treinta años vistiendo y todo. ¿Cómo lo consigues?

—Hombre, de treinta años…

—No quito ni una coma. Lo que quiero decir es que es imposible calcularte la edad.

—Yo creo que la forma de ser, de la que ya te has empapado bien porque has provocado que hable de mí sin parar, tiene, en parte, la explicación. Después, que soy coquetísima, que hago ejercicio y me cuido el peso con la alimentación, como sabes.

—Sí, sí, pero, además, tienes una esencia femenina especial… ¿Cómo has llegado a ESA ESENCIA? –dijo, enfatizando.

—Verás… Si tiro de recuerdos…, ya me ponía los tacones de mi madre a los tres años, más o menos. Me sentaba en su cama, frente al armario de luna y cruzaba las piernas, como veía que hacían ella y sus amigas.

»Mi madre tenía una tertulia de amigas que, normalmente, se reunían en casa: Carmina (la íntima), Sari y Lauri (sus hermanas), Carmela, Carmita, Sebe… Todas bien vestidas, peinadas y maquilladas.

»¡Ah! Y no creas que la femineidad les restaba méritos en cuanto a ganarse la vida… Mi madre, por ejemplo, era directora de personal de la Compañía Española de Penicilina y Antibióticos, la famosa CEPA; Carmina era secretaria de alta dirección, igual que su hermana, Sari; Lauri, una modista extraordinaria; Carmela, enfermera, y creo que Sebe también. Carmita…, no recuerdo. ¡Vaya! Que se mantenían perfectamente a sí mismas, y te estoy hablando de los años cincuenta.

»La miseria sobrevenida en la posguerra para todo el mundo y más aún para las familias con hombres encarcelados –como era el caso de mi padre–, y con otros depurados de sus puestos de trabajo, obligó a muchas mujeres a lanzarse al mundo laboral. A las más preparadas y a otras que, estándolo menos, tuvieron que buscarse la vida de manera más denigrante, aunque no por eso menos, desgraciadamente, necesaria.

»Me asombra un poco –un mucho diría yo– que las jóvenes feministas crean que, en ese sentido, están descubriendo América.

»El feminismo debe seguir en la erradicación de los malos tratos y en la lucha por la igualdad salarial. Por cierto, en aquellos tiempos, mi madre ganaba bastante más que mi padre, pero seguramente era una excepción.

»Tomaban el café con unas pastas que vendían en las «Mantequerías de Blas», en Doctor Esquerdo esquina a Peñascales.

Solía ir yo a comprarlas desde bien pequeña (entonces las calles de Madrid eran muy poco peligrosas para los niños). Cómo recuerdo esas pastas míticas…, palmeritas y otras que eran alargadas y con una tira de chocolate por encima.

»Mi madre me dejaba merendar con sus amigas hasta que se terminaba el café. Luego me mandaba a mi habitación con el mismo soniquete diario: «Anda, nena, despídete. Los niños no están en las conversaciones de los mayores», y ellas se quedaban de charla, mientras se ponían chupitos de coñac en las mismas tazas, las muy lagartillas.

»Ahora puedo decirte que no conseguía gran cosa con el destierro, porque me enteraba de todo, y que tengo metida en la masa de la sangre esa mezcla de olor a café, pastas, coñac y sus perfumes. Como tenemos metido el de los libros, los cuadernos, los lápices y la goma de borrar.

»Qué nostalgia, chico, qué nostalgia… Y ya…, tantas ausencias… El perfume de mi madre era *Miss Dior;* aún conservo el último, muy consumido. No lo abro porque, seguramente, estará degradado y no olerá lo mismo, pero, a veces, cuando voy a comprar el mío, cojo el probador y me pongo un poco… para oler a ella.

—¿Y cuál es el tuyo, si puede saberse?

—Eau de Rochas. Lo uso desde hace más de treinta años.

—Hueles muy bien, aunque… desde tan lejos no consigo apreciarlo bien, je, je, je…

—Impenitente. No te culpo. Eres un chico de libro.

»Como te decía, creo que, a base de imitar conductas femeninas, adornos, actitudes, vas formando tu propio estilo, pero esas referencias son esenciales. Es más, si te das cuenta, las mujeres miramos a las mujeres que nos parecen especialmente bien arregladas, para copiar de ellas.

—Pues tú lo has bordado. Eres endiabladamente atractiva.

—*Déyà vu.*

—Veo que no soy el primero que te lo dice, entonces.

—Sin comentarios.

—Más misterio. No, si cuando yo digo…

—Si quieres te cuento una anécdota de una merienda de mi madre. Muy divertida.

—Cuenta, cuenta…

—Una tarde esperaba una visita especial. Se esmeró mucho en preparar el velador del salón con un mantel bordado y el servicio de té: un fascinante juego de porcelana con chinas tapándose con una sombrilla y peinadas con unas agujas atravesadas en el moño, bajo almendros en flor, que yo sólo había visto en la vitrina.

»Me entusiasmó la idea de poder juguetear un poco con las tazas y le pregunté a mi madre si mi muñeca, Viviana, podía tomar el té con nosotras y me dijo que sí. La senté, muy formalita, con su vestido de color malva y la enagüita blanca de puntillas. Mientras, mi madre me explicaba que la señora que esperaba tomaba sólo té y que era vizcondesa. Supuse que la llamaba así porque era bizca. Lo di por hecho porque era la primera vez que oía esa palabreja.

»Yo también me puse de tiros largos para la ocasión. Mi vestido más bonito, blanco y azul, de esos que nos hacían a las niñas entonces con jaretas y un lazo de terciopelo, también azul, atado atrás, a la cintura.

»He de decirte que yo detestaba vestirme así, me gustaban mucho más los pantalones, y me revolvía, incómoda por el lazo a la espalda, en el sofá, mientras aguardaba, expectante, la llegada.

»En casa había una división en el salón, hecha con unos cortinones que tenían encima un bandó de la misma tela, montado sobre una barra de madera.

»Por aquel entonces teníamos un gato siamés, jovencito y bastante trasto, que tenía la costumbre de trepar por las cortinas y colocarse sobre la barra, que usaba como atalaya. Allí estaba cuando sonó el timbre de la puerta.

»Mi madre salió a recibir a la vizcondesa que resultó ser una señora bajita, delgada y bastante fea, aunque no bizca, como yo esperaba.

»Llevaba una estola de zorro, con la cabecita y las patas del pobre animal colgando de su hombro derecho, amén de un sombrerito tirolés, verde, con una pluma larga que se bamboleaba al andar.

»*Pirracas* y yo sentimos, al instante, una antipatía inmediata hacia ella. (Todos mis gatos se han llamado así, como el gato de *Celia*.)

»Luego, todo pasó en segundos…

»El gato se tiró, como un poseso, al paso de la horrible señora entre las cortinas, y aterrizó en el sombrero, para luego deslizarse, perdido el equilibrio, enganchado a la estola junto a la que cayó al suelo. Abatido el enemigo, el siamés se afanó en plantar cara, a mordiscos y zarpazos, al pobre zorro inerte.

»¡Qué alaridos daba la señora! *Pirracas* se llevó la estola entre los dientes y yo salí disparada, detrás, para recuperarla. Mi madre, desolada, se afanaba en tranquilizarla.

»Cuando la vizcondesa se sobrepuso, y después de muchas explicaciones y disculpas, nos sentamos en el sillón grande las dos, mientras mi madre se iba a la cocina a buscar la bandeja con la tetera y las pastas.

»*Pirracas* también se quería sentar a mi lado para ver si le ponía un poco de leche en un platito, pero al ver al pobre zorrito muerto tirado en el sofá, pegó un bufido y huyó como alma que lleva el diablo.

»Apareció mi madre con la bandeja y su mejor sonrisa.

»Al pasar entre las cortinas dio un resbalón que casi se mata, pero milagrosamente recuperó el equilibrio y salvó la tetera (que aún conservo, para mi regocijo, con devoción). Me fijé en que había un charquito en el suelo. ¡Era pis! ¡Madre mía! ¿Y ahora qué íbamos a hacer? Aquello era mejor que ir al cine.

»En un alarde de improvisación y aún con la bandeja en las manos, tiró con el pie de la alfombra pasillera que tenía al lado y lo tapó…

»Se afanó en servir primero a la invitada y puso una taza delante de ella.

»El té debería haber salido sin problemas por el pitorro de la tetera, pero parece que se resistía a hacerlo y mi madre le dio un cachetito con la mano. Y salió, ¡vaya si salió!… Salió una pobre araña, gorda y escaldada, que fue a parar derechita a la taza, con un «chop» como de tirarse a la piscina.

»Mi madre se puso colorada como un tomate y se llevó la tetera y la taza con la araña de vuelta a la cocina.

»Volvió al poco tiempo con una taza limpia y la tetera llena.

»Ojalá no haya tirado la araña, pensé, para enseñársela a mi padre.

»Se me ocurrió preguntárselo y me fulminó con la mirada.

»A partir de ahí la cosa quedó rara… La vizcondesa dijo que no quería ya tomar nada porque no se encontraba bien.

»No tardó en marcharse.

»Mi madre la acompañó a la salida, consternada.

»El sofá, de raso salmón, estaba con un ronchón más oscuro donde se había sentado la pobre. No sé si, además del pis del pasillo, se había hecho otro poco con lo de la araña. En fin…

»Mi madre lloró bastante. Luego, cuando le pregunté si había tirado la araña, empezó a reírse como loca. Qué raras son las personas mayores, pensé.

—Ja, ja, ja… –se desternillaba José–. Demasiado tiempo sin usar el juego de té –dijo, limpiándose las lágrimas.

—Ja, ja, ja… Desde luego. ¿Ves por qué soy partidaria de usar todas las cosas? Ja, ja, ja…

—Perdona. Voy a avisar a Fernando de que he adelantado el viaje. El tren sale a las siete.

Miré el reloj y vi que eran casi las cinco.

VI

De regreso a Barcelona fuimos charlando animadamente.

José propuso algunos días de noviembre para presentar mi libro en el Ateneo de Madrid.

Iba escuchándole y no lo podía creer. Pensaba que mi padre, a pesar de que ya estaba bastante mal, lo vería, pero que mi madre no había alcanzado a tener esa satisfacción.

—¿Sabes? Lo que más me ha llamado la atención de tu poesía es la música interna. Bastante difícil de conseguir, por cierto.

—Pues se me habrá quedado de los clásicos, como tú dices, o de las coplas que he escuchado, a todas horas, de niña.

—Me encanta la copla. No ya por ser andaluz, que seguro que también, sino porque es la esencia del sentir del pueblo.

—Yo me las sé de memoria, casi todas. De escucharlas en la radio de la cocina, eternamente puesta. Por los patios de las casas, todo era copla.

—Es verdad… ¿Las cantas?

—Por supuesto.

—¿Tienes buena voz?

—Dicen que sí, aunque para cantar copla o cualquier otra cosa, lo que hay que tener es sentimiento. Recordando ese tiempo de niña, la primera que me aprendí fue *La Tani,* ja, ja, ja… Otra vez me vienen a la memoria tiempos dulces y divertidos.

—Cuenta, cuenta…

—Recordarás que cuando éramos pequeños, la convivencia con los vecinos era muy estrecha. Nosotros teníamos en la puerta de enfrente a Régulo y Milagros que fueron como unos abuelos para mí.

»Comía con ellos todos los jueves porque Milagros ponía cocido. ¡Y qué cocido! No he vuelto a probarlo igual, ni parecido. Ni en La Bola, ni en Lhardy, ni en Malacatín.

—¿En tu casa no se comía? Me parece que era el plato diario en toda Castilla. Yo lo he comido muy bueno en tascas del centro de Madrid, antes de hacerme vegetariano. Casi todas tienen un día a la semana cocido, de plato del día. Me gustaba mucho. Es distinto al de mi tierra, que es más ligero, con más verduras.

—Ya te daré mi receta. La clásica y la saludable, para cuando vuelvas a una dieta normal, je, je, je… No, en mi casa no se comía porque mi madre no quería engordar. La verdad es que el cocido tradicional es bastante calórico.

—¿Y qué se comía en tu casa?

—Verduras hervidas o en sopa y ensaladas, casi siempre como primer plato, y luego pescado o carne. Los huevos se dejaban para la cena, en tortilla a la francesa o de patata. Legumbre de tarde en tarde. Aunque no creas, mi madre cocinaba muy bien y hacía unas croquetas exquisitas, empanadillas, canelones, lasaña… Pero era para domingos o días de invitados. Luego, cuando tuvo a sus nietos, les ponía lo que ellos querían y tienen un recuerdo imborrable de su cocina.

—¿Y tú no tienes esas recetas? Porque conservar el testigo de la cocina tradicional de las madres es un lujo.

—Ya lo creo que lo conservo, y el de mi suegra. Tengo hasta

el viejo recetario de mi madrina, la mejor cocinera de la familia, la hermana mayor de mi madre, mi tía Pepita. Pero esa cocina eran palabras mayores. Ten en cuenta que ella era la que cocinaba en su casa, a pesar de tener servicio, para su marido, sus padres (mis abuelos) y sus hermanos. En esa casa se preparaban diez o doce platos diferentes diarios. Era una cocinera refinadísima. No sólo preparaba cocina española, es que dominaba, sobre todo, la cocina francesa a la perfección que, como sabes, era la más chic de la época.

—Pues ese recetario se debería publicar. ¿Por qué no me escribes un libro de cocina tuyo, con todo lo que has aprendido?

—¿Un libro de cocina, después de un poemario? Tú estás loco.

—De eso nada. No sabes cómo se venden.

—No me líes. Primero vamos a sacar este y luego me gustaría publicar otro. Tengo más poemas escritos. Los que te he traído son los primeros, para que se vayan conociendo en la medida en que he ido avanzando por esta nueva y sorprendente senda.

—Bueno. Ya hablaremos. No has hecho más que empezar y te veo con muchas ganas. Sigue contando de tus vecinos…

—Sí. Es verdad, me he ido por los cerros de Úbeda…

»Como te contaba, comía con ellos, con su hijo único, Jesús, y con el canario, *Curro,* todos los jueves, hasta que me casé.

—Ja, ja, ja… Háblame del canario, ¡por Dios, no te vayas! Eres una caja de sorpresas.

—*Curro* vivía en libertad. La puerta de la jaula sólo se cerraba para ventilar la casa. Así que, a la hora de comer, andaba subido al borde de los vasos. Bebía agua, y vino si le hubieran dejado. Régulo le regañaba: «Vino, no, *Curro,* vino no que te la coges»… Correteaba el mantel de hule haciendo un ruidito con las patitas que parece que estoy oyendo… Comía miguitas, lechuga y pedacitos de fruta. Era listísimo. Se murió de viejo. Jesús y yo lo metimos en una latita de pimentón La Dalia y lo enterramos al pie de una acacia en el patio. Cómo llorábamos los dos y qué desolación quedó en la casa… Mi primer entierro.

—¿Y…? Sigue, sigue.

—Es la introducción para contarte que Milagros me llamaba cada vez que tenía visitas, para que yo cantara *La Tani*. No tendría más que unos tres o cuatro años. ¡Hay que ver cómo se puso mi madre el día que se enteró!, porque ella no me había oído cantarla jamás. En el secreto no estaban más que Milagros y nuestra muchacha. Fue la cotilla de «la gallega», una amiga de Milagros, la que se lo dijo:

»«A esta niña debería usted llevarla al circo. No he visto una cosa igual. ¡Hay que ver cómo canta y cómo baila flamenco!».

»Mi madre se quedó estupefacta y me prohibió terminantemente seguir cantando y bailando para el público. No le hice mucho caso. Como así siguió siendo casi siempre. Ahora lo lamento.

»Rara era la semana que «la gallega» no iba a casa de Milagros de visita con su niña, renegrida y fea como un demonio.

»«Hija, ten cuidado de que la niña no toque lo que tengo encima de la coqueta de mi dormitorio», me pedía Milagros.

»Yo estaba encima y le pegaba cada manotazo que para qué. La dejaba mirarlo pero no tocarlo. No consentía que quedara nada fuera de su sitio (ya entonces tenía yo la manía del orden).

»La cómoda de Milagros era un lugar fascinante donde exponía, siempre reluciente, el juego de bandejita, espejo y cepillos de pelo, de plata, con sus iniciales, que le había regalado, cuando se casó con Régulo, la duquesa de Medinaceli, para la que había trabajado como niñera. Te contaría muchas cosas de las que ella me refería de ese tiempo. Sólo un apunte: decía que los niños, cuando se celebraban las grandes cenas y los bailes en el palacio que tenían en la Castellana, se escondían entre los barrotes de la balaustrada del primer piso para ver llegar a los invitados. Milagros me contaba que no había mujer más bella ni más elegante que la reina Victoria Eugenia de Battenberg.

»Sigo contándote, ya que estás tan interesado en mí y para que veas cómo era desde pequeña, que en la coqueta había muchas más cosas maravillosas: una crema *Bella Aurora;* un lápiz negro de ojos y cejas; un pintalabios Myrurgia que tenía dibujada una estrella dorada con tres colas de puntitos, como la de Navidad, con la palabra *Embrujo* atravesada. Me pintaba con mucho cuidadito. Era de color rojo-morado, precioso. Bueno, la verdad es que me ponía un poco de todo: cejas, colas en los ojos y, para remate, un toque de pintalabios como colorete.

»También tenía, de la misma marca, los polvos de la cara. La colonia y las pastillas de jabón *Maja* en una caja con tapa. Allí salía una señora muy guapa, vestida con un traje largo, de vuelo, rojo, con encaje y mantilla negros. ¡Ah!, y un abanico grande precioso. Un mundo fantástico para mí.

»Aún recuerdo el aroma de las pastillas de jabón y de esa colonia que no he vuelto a oler…

»Milagros me lavaba bien la cara antes de pasarme a casa.

»Mi madre, la pobre, temía (lo supe después) que saliera cantante de cuplés y zarzuelas como su hermana Pepita, la cocinera, que era, además, mi madrina. Para tratar de apartarme de esas veleidades me llevaba a todos los conciertos de música clásica del Monumental, en los que me aburría soberanamente.

»Quería educar, domeñar más bien, mi oído. No lo consiguió. Yo salí a mi padre, más plebeya, je, je, je…

—¿Plebeya tú? Si parece que no has hecho más que pisar alfombras.

»Ya estamos llegando. Te voy a echar de menos un montón. Bueno, hasta que volvamos a vernos… Esto no ha hecho más que empezar.

Recogimos a su hijo, que nos estaba esperando delante de un portal bastante lujoso en una calle céntrica de la ciudad. Era un chico guapete y muy simpático. José nos presentó y seguimos la marcha…

—Luz ha preparado una tortilla estupenda. Te hemos dejado la mitad.

—¡Fenomenal! –contestó–. Muchas gracias. Me encanta la tortilla.

—Tenemos que pedirle consejo sobre su alimentación y cocina saludable. No parece estar muy de acuerdo sobre mi vegetarianismo. No me ha dicho nada, pero creo que me mira con escepticismo cuando le cuento lo que como. Por cierto, también me ha dado algún ejemplo de cómo poner la mesa y presentar la comida. La verdad es que estamos hechos unos salvajes.

—No digas eso… No es verdad, pero no viene nada mal acostumbrarse a las buenas formas. Imagina que nos invitan a Palacio cuando yo sea una escritora de campanillas y tú mi editor, y no sabes ni por dónde empezar a coger la batería de cubiertos que te van a poner, ja, ja, ja…

Había poco tráfico y llegamos pronto a la estación. José aparcó el coche en la entrada y se apresuró a sacar el equipaje.

—Espera aquí que voy a aparcar para acompañarte hasta que salga el tren.

—No. De ninguna manera. Menudo lío. Vosotros marchaos…

—Como quieras. Llámame al llegar.

—De acuerdo. Eso haré. Lo he pasado muy bien. Eres muy hospitalario.

—Ja, ja, ja… Ya sé por dónde vas…, tienes que perdonarme. Te pido disculpas. No he sabido medir.

—No te preocupes. Pelillos a la mar…

—Dame un par de besos. ¡Despídete, hijo!

—Adiós, Luz. Encantado de conocer a autoras que dejan hecha una tortilla en casa, ja, ja, ja… No es lo común –dijo echando una sonrisa pícara a su padre.

VII

El trayecto de vuelta a Madrid resultó fugaz. Cerré los ojos en cuanto el tren dejó atrás las últimas casas de la ciudad y entré en un suave duermevela que no abandoné hasta que llegó a Atocha.

Fernando me esperaba en la estación y sentí, al verlo, agradecimiento y la misma ternura de siempre.

—Bueno… Aquí me tienes, sana y salva, ja, ja, ja…

—Qué contenta vienes. Me alegro por ti. Ya sabes que yo soy, antes que concejal, músico. He heredado tu vena artística, bueno, tus tres hijos…

—Y yo encantada. Sí, estoy muy contenta. El editor me irá mandando las pruebas del libro, para corregir.

»¡Ah!, por cierto, lo tengo que llamar para decirle que he llegado bien.

—¿Tienes que fichar?, pero si el AVE llega siempre bien… ¡Qué bobada!

—No seas así. Las buenas formas no están de más.

—¿Y qué tal las suyas? ¿Se ha portado bien contigo?

—Superbién educado y superformal –dije sin faltar a la verdad porque, hasta en lo más escabroso, había entrado con una suavidad extraordinaria.

—Mira que me extraña porque, últimamente, parece que estés untada de miel para atraer moscones.

—He ido a firmar un contrato con un editor. No lo olvides.

—Ya, pero es un tío. De todos modos sé que si ha pasado algo inconveniente no me lo vas a decir, aunque sólo sea para no reconocer que yo tenía razón.

—Que no, cabezón, que no.

—Tienes razón: cabezón, pero, por eso mismo, listo... ¿A ver por qué si no has adelantado el viaje?

—Pues, por eso precisamente: porque te conozco y no quería tenerte preocupado.

Atravesamos Madrid, desde Atocha hasta la salida de la carretera de Extremadura.

¡Mira que es bonita la entrada a Madrid desde esta carretera! La Catedral de La Almudena, Palacio y los jardines del Campo del Moro hasta el Viaducto, pasando por el Puente de Segovia que cruza el Manzanares. ¡Pero mira que es fea la salida!...

En cuanto dejas las rejas de la Casa de Campo, te vas adentrando en edificios, a derecha e izquierda, de los construidos en los primeros años del Desarrollismo. Barrios obreros, hacinados, donde parecía que las viviendas se habían diseñado para deprimir a sus habitantes. Eran tan feas y con unas ventanas tan pequeñas, que no encontraba otra explicación que la de que el arquitecto las hubiera hecho tan mínimas, porque las gentes que las iban a habitar no querrían asomarse (tan cerca estaban de la carretera)... Los ruidos y el olor a tubo de escape que tendrían que soportar...

En fin, nosotros nos dirigíamos hacia un lugar privilegiado. Villaviciosa de Odón está cerca de Madrid, apenas algo más de veinte kilómetros, y a la vez muy lejos, en cuanto a calidad de vida, de la zona por la que pasábamos, pensé, lamentándolo.

—Ya estamos. Paso un momento, lo justo para tomarnos una cervecita y me marcho –dijo Fernando.

Atravesamos el jardín y entramos por la puerta de la cocina. Solté el bolso y me fui derecha al salón a ver a mi padre.

Estaba leyendo, sentado en su sillón. Pasé a abrazarlo y a darle unos cuantos besos.

—Buenas noches, hija. Te he echado mucho de menos.

—Pero si sólo te he dejado veinticuatro horas, ¡y con Josefa!

—No es lo mismo. La casa se queda vacía sin ti. Qué guapa estás. La más guapa del mundo.

—Anda, anda… ¿Qué lees?

—A don Pío. *Zalacaín el Aventurero.*

—Por enésima vez

—Pues, sí. De lo bueno no se cansa uno.

—¿Has cenado bien?

—Como un señor: puré de patata y tortilla a la francesa. De postre, el plátano de rigor.

—Pues aquí te dejo. Ahora te veo.

Mientras Fernando subía la maleta yo me puse a preparar algo de picoteo ligero. Cuando bajó se fue derecho a ver a su abuelo. Le escuché decir: «¿Cómo estás, Píter?»…

El Teniente Píter, sobrenombre con el que el General Walter bautizó a mi padre en tiempo de guerra, y por el que fue conocido en todo el frente del Guadarrama y ahora lo sigue siendo por los historiadores, contestó como siempre: «¡Estupendo!».

Estuvo un rato de cháchara con él. Después entró en la cocina y sacó dos botellines de cerveza.

—Da gusto tomarse una cerveza en casa. Esta es la nevera que más enfría de todas las que conozco. ¿Estás haciendo cena?

—Poca cosa. Un poco de jamón y queso. ¿Pongo tomate también?

—Vale. Pues, ¡chinchín!…, ¡por tu primer libro!

—Gracias, hijo. Pronto habrá otro.

—Qué bien.

—Qué flojillo veo al abuelo –dijo, con pesadumbre.

—¿Cómo quieres que esté? Tiene noventa y cinco años.

—No me hago a la idea. Ha dejado de bajar al pueblo en autobús y eso es mala señal.

—Hijo, si no puede montarse. Está muy alto y a duras penas sube ya la escalera de casa. Desde que no estás aquí y no vives el día a día con él… Ha dado mucho bajón.

»Yo tampoco me hago a la idea. Es una de esas personas que tienen la condición de eternas. Y es tan cielo. Nunca una mala palabra, un mal gesto. Todo le parece bien. No se queja de nada, nunca.

»Tengo que contarte algo… Te va a extrañar pero prefiero que lo sepas. Ha confesado y comulgado.

—¡Ay, madre! Ahora sí que me preocupas. ¿Y cómo ha sido eso? Explícame, por favor.

Me di cuenta de que tenía los ojos cristalizados de lágrimas. Los bajó, en ese pudor que le caracteriza a la hora de mostrar sus sentimientos. Yo también sentía un nudo insuperable en la garganta. Respetamos nuestro mutuo silencio y fuimos dando traguitos a los botellines. Apuró el suyo y se abrió un segundo.

Para hacer tiempo, me puse a lavar concienzudamente los tomates con estropajo y jabón. Después de bien enjuagados y secos, los partí por la mitad y luego en trozos regulares. Un poco de sal y un buen chorro de aceite de oliva, virgen extra (el único que usaba para todo).

—Verás… Hace dos domingos acompañé a Miguel a misa. Al terminar, y antes de salir, me dijo que, aunque sabía que no éramos creyentes ni mi padre ni yo, él sí que lo era y estaba pasando por un grave dilema moral, por lo que apreciaba a mi padre. Así es que me convenció para ir a la sacristía a ver al cura y exponer la situación.

»Juancho, después de pensarlo un momento, me dijo que, si mi padre aceptaba, vendría a casa a hablar con él, que si no, no.

»Como ya sabes, el abuelo come antes que todos por seguir el horario regular de sus pastillas, así es que mientras comíamos en la mesa del salón él estaba sentado, como hoy, en su sillón y charlaba con nosotros.

»«Papá –le dije–, a la salida de misa nos ha preguntado Juancho por ti. Le he contado que vas mejorando poco a poco y te manda muchos recuerdos. Dice que reza para que te pongas bien, todos los días».

»¿Sabes lo que me contestó? «Anda, dile que venga a verme cuando pueda, que quiero confesar y comulgar».

—¿Y cuándo ha ocurrido?

—El jueves pasado.

—¿Cómo?

—Pues le llamé y quedó en venir a las siete de la tarde. El abuelo le estaba esperando en el jardín. Se metieron en el salón y los dejamos solos.

»Cuando terminaron, Juancho se limitó a decirnos que no había confesado, jamás, a nadie como él. Salió conmovido.

»Ya sé yo que no hay nadie como mi padre. No puedo ni plantearme que se le esté acabando el tiempo.

—¿No se puede hacer nada?

—Nada, hijo, nada. No me ha quedado puerta de consulta médica que tocar. La naturaleza se despide y es inapelable.

Cuando se marchó Fernando, marqué el teléfono de José.

—Ya en casa, cenada y todo.

—Qué poco habéis tardado.

—Sí.

—¿Y ya cenada? Pues, sí que has sido rápida.

—He cenado con mi hijo, poco, ya sabes, además, es muy tarde y si ceno mucho descanso peor.

—Yo también he cenado con el mío. Se ha zampado la media tortilla que quedaba y más cosas que he comprado de vuelta a casa.

»¿Me has echado de menos? Yo a ti, sí.

—¡Vaya por Dios! Pobrecito… Bueno, como ya tenemos el orden del poemario, ahora, ¿qué hay que hacer?

—Vete buscándote un presentador de campanillas. Pocos poetas se estrenan en el Ateneo de Madrid.

—¿Sabes en quién estoy pensando? Como dices que mi poesía tiene música…

—Dime, ¿en quién?

—En Alberto Cortez. Ha grabado en mi estudio.

—¿En tu estudio, dices?

—Sí. Es que cuando te dije que había trabajado en el negocio familiar, era en un estudio de grabación.

—¡Vaya!, ¡tú no podías tener una tienda de ultramarinos, desde luego!

—Ja, ja, ja… Mañana te cuento. Ahora estoy deseando darme una ducha y descansar.

—Hasta mañana, entonces.

Me desperté a las ocho menos cuarto, agradecida de hacerlo en casa.

Pronto tendría que dejar el dormitorio que había sido mío más de veinte años. Ya estaba hecha a la idea. Había tenido tiempo para aceptarlo, después de seis años divorciada.

Me estaba costando mucho vender la casa, tan grande. La había diseñado yo misma, piedra a piedra. Era una construcción adaptada al clima de Madrid, con muros gruesos, blanca y con una estética clásica y muy bonita. El tejado, con varios vuelos y chimeneas, también con tejadillos, era rojo burdeos oscuro, igual que las contraventanas mallorquinas y toda la carpintería metálica, puertas de entrada y portón del garaje.

Ahora, paseando la vista alrededor… Mi dormitorio tan amplio y con el mirador acristalado que daba a la fachada principal… Sentía un punto doloroso recordando a mi madre, a la que le encantaba sentarse aquí, en las butacas de mimbre. Notaba su presencia diluida en el tiempo de la nostalgia de las cosas pasadas.

Al salir, la puerta frente a la mía estaba, como siempre, abierta. Mi padre aún dormía plácidamente, con una respiración ligera. Me gustaba dormirme escuchándola. Yo también dejaba la mía entreabierta.

Me preparé el desayuno habitual: una naranja, dos kiwis, un huevo a la plancha, un poco de pan integral y una jarra de café natural con leche hirviendo.

Encendí la televisión y puse las noticias de las ocho en Antena 3.

Abrí la puerta de la cocina que daba al jardín y entró *Gus*.

«¿Qué haces, pingo, de dónde vienes?»

Mi gato grandote, gris atigrado, entró hablando por los codos y se fue derecho al comedero lleno de pienso.

Ya sólo me quedaban *Gus* y la gata persa blanca. Desde que sabía que tendría que salir de casa en cuanto se vendiera, no había querido tener más animales.

La casa había albergado tantas vidas… Todas ellas se fueron marchando, y no puedo decir que sin darme cuenta. Me la di, y sentí el peso del vacío doloroso de cada una de esas ausencias, en la medida del hueco que fueron dejando en mi corazón.

Primero se fue Quino, el hijo mayor, abruptamente. Demasiado pronto.

Después se despidió mi madre, rápida y discretamente. Su muerte nos dejó estupefactos a todos. Apenas tuvimos tiempo de asimilarla. Dicen que no es más grande el que más espacio ocupa, sino el que más vacío deja cuando se va.

Luego los otros dos hijos: Fernando, el mediano, y Javier, el pequeño, que apenas se acababa de marchar.

Los tres en busca de sus vidas de hombres, de sus destinos, en los que, como madre, mi papel fue el de simple espectadora.

El desgarro en cada uno de esos momentos fue enorme.

Luego, esas pequeñas vidas de las perras y gatas que siempre me han acompañado… *Rosa, Lita, Pancha, Moñoña, Loles, Avería, Nube…* Todas ellas murieron de viejas y están enterradas bajo los chopos del jardín.

Mi madre duerme su sueño de cenizas en la pequeña casita, con puerta de cristal, que construí para ella en el montículo que baja al camino de las catalpas. Allí está la que nos amó tanto. Allí, en su urna, grave, oscura, junto a las cosillas que le he puesto alrededor para que no se sienta tan sola.

Mientras vivió su gata gris, *Nena,* iba cada tarde a sestear al sol, sobre el tejadillo. Parecía que tuviera conocimiento. Ahora está nevado de flores rosadas del pruno.

Qué difícil me lo pusiste, madre… «Cuando me muera, no quiero que me lleves a la tumba de la familia, odio los sepulcros bajo tierra, además, allí está enterrada mi hermana y ya sabes que siempre me he llevado fatal con ella.»

Surrealista, como una película de Woody Allen. «Pero mamá, los muertos ya no discuten.» «Por si acaso. No conoces tú a tu tía.»

Yo sí voy de vez en cuando a La Almudena, a honrar a mis muertos. Están en la parte más antigua, a la izquierda de la capilla central de responsos. Allí reposan desde los años veinte. Los últimos, en los sesenta.

Me gusta pasear el cementerio, manía de poeta, entre las viejas tumbas de inscripciones casi borradas. Otras, más recientes, con esas horribles flores de plástico, para no tener que revivir el recuerdo demasiado. Sólo unas pocas tienen flores naturales.

Las de los niños me tocan, especialmente, el corazón. Algunas de las más antiguas aún conservan regalos: angelitos de porcelana escacharrados, oraciones y frases cariñosas labradas en atriles de piedra medio borradas por el pertinaz tallado del viento y la lluvia. Conmovedoras fotografías, ovaladas, del pobre niño muerto.

Otras, actuales, están adornadas como se colocarían las cosas del pequeño sobre su cama: con juguetes y flores frescas que no les faltarán... mientras tengan madres.

VIII

—¿Pepe? ¿Qué tal?

—¡Hombre, Luz! ¡Qué sorpresa! ¿Cómo tú por aquí? ¿Cómo estás? ¿Y tu padre?

—Yo estupendamente. Ayer volví de Barcelona, de firmar mi primer contrato literario. Mi padre, muy flojillo. Desconocido… Siempre ha sido tan vital…

—Sí. Parece mentira. Es ley de vida, Luz, ve haciéndote a la idea.

—¿Y vosotros?

—Muy bien. Disfrutando del pueblo, del campo y de las colmenas.

—Cumpliendo tus sueños… Ya hemos trabajado bastante, ¿verdad?

—Bueno. Yo sigo en la brecha, pero ahora sólo acepto proyectos que me ilusionan. Ya voy por mi quinto Grammy.

—Lo sé. Y me alegro muchísimo por ti. No haces más que recoger el premio al mejor ingeniero de sonido español.

—¿Cuándo te vienes a pasar unos días con nosotros? Tengo a mi lado a Carmen y me lo está soplando al oído.

—Ja, ja, ja… Ahora no puedo. Entre el cuidado de mi padre y el lío en el que me he metido.

»Vengo con el encargo del editor de buscar un presentador para el poemario. ¿Sabes en quién he pensado?... En Alberto Cortez. Me gustaría mucho que fuera él, además de cómo canta, qué gran poeta.

—A mí también me gusta muchísimo. Ya lo sabes. Pues, no tienes más que proponérselo.

—Ya…, pero eres tú el que tiene más cercanía con él. Si te parece bien, pídele una cita. Vive muy cerca de mi casa, en Montepríncipe.

—Eso está hecho. Hoy mismo lo llamo. Después te cuento… ¡Ah! Y no eches en saco roto lo de venirte unos días. Estamos deseando verte.

Pepe me consiguió una cita con Alberto. Dos días después estaba, a las cinco de la tarde, llamando a la puerta de su casa…

Salió a recibirme enseguida.

—Luz, ¡qué alegría verte de nuevo!

—Igual te digo, Alberto.

—Ya me ha puesto en antecedentes Pepe.

»¿Así es que has escrito un poemario? ¿Lo traes? –dijo mientras me iba conduciendo al interior del salón, donde nos esperaba, sentada ante una mesa camilla, de espaldas a una gran ventana, Renata, su mujer.

Se puso en pie, con una amplia sonrisa.

De mediana estatura y complexión normal, pelo rubio. Me pareció atractiva, para la edad que calculé que podía tener: unos setenta años.

Nos habíamos conocido en el estudio, aunque tratado poco, como sucedía en el caso de Alberto. Los cantantes suelen poner voz por las tardes-noches, que es cuando la voz se encuentra más templada y yo, para coincidir con el horario de mis hijos, solía trabajar hasta mediodía.

—Querida Luz… Bienvenida a nuestra humilde morada. Siéntate por aquí –dijo ofreciéndome una butaca de las cuatro que rodeaban la mesa, ya preparada con unas tazas de té y una bandeja de pastas–. ¿Tomarás té o café?

—Lo mismo que vosotros.

—Entonces, té. Si me perdonáis, voy a traer el agua caliente.

Alberto se sentó a mi izquierda, en la butaca que tenía un cojín bordado en el respaldo.

—Pásame el libro. Estoy deseando tenerlo en las manos.

—Lo siento. Aún no está editado. Acabo de volver de Barcelona de firmar el contrato para publicarlo. Te traigo el manuscrito original.

—Veamos…

—Aquí lo tienes.

Alberto se levantó para ir a buscar sus gafas de cerca, según dijo, y, al poco, regresó con ellas. Calándoselas, empezó a leer en voz alta mi nota al lector:

Si pudiera comparar mi yo ontológico con una casa, diría que en los últimos tiempos se han cambiado los muebles de lugar.

Han bajado del desván la infancia, adolescencia y juventud, para volverse a hacer un sitio entre mis cosas más al uso.

Los trastos inservibles, acumulados durante más de treinta años, duermen ahora encerrados allá arriba.

Estos poemas están inspirados en situaciones, lugares y, sobre todo, en las personas que en estos seis últimos años de mi vida me ayudaron a hacer la mudanza.

A todas ellas, humildemente y con amor.

La autora

—Bueno, bueno, esto promete… Escucha, Renata, voy a volver a leer la introducción para que no te la pierdas –dijo, cuando ella volvía con la tetera de agua caliente.

Mientras releía, yo esperaba el momento para decirle lo que tenía pensado. Cuando terminó, Renata me miró con aprobación y yo aproveché:

—Alberto. Cuando repases el poemario… Quería decirte… Bueno, que sería para mí un gran honor que lo presentaras. Creo que ya te habrá dicho Pepe que lo voy a hacer en el Ateneo de Madrid, pero… sólo si te parece que está a la altura de tu nombre. Si no es así, que no te importe decirme que me dedique a otra cosa.

Me miró con su sonrisa entre pícara y bondadosa.

—No te preocupes. Lo haré.

»Seguramente lo dices porque tengo nombre de lord inglés y hasta de rey, si me apuras…

—Te sirvo el té. ¿Azúcar?…

—No. No tomo.

—Entonces, ¿a lo mejor prefieres algo salado, mejor que pastas?

—Me encantan las pastas. Muchas gracias, Renata.

Intercambiamos impresiones, básicamente sobre la casa, que me había parecido un verdadero paraíso, desde el jardín hasta su interior. Como me gustaban a mí: puesta poco a poco, repleta de recuerdos, bohemia.

Me preguntaron sobre la mía y mi familia.

Alberto me dijo que ellos no habían tenido hijos, pero que tenían sobrinos de Renata muy cercanos.

Terminadas un par de tazas de té y devoradas por Alberto todas las pastas restantes, una vez que nosotras ya nos habíamos saciado, Alberto volvió a la lectura en alta voz, esta vez, poema a poema…

Yo no imaginaba que iba a hacerlo, sino que me pediría que le dejara el manuscrito.

Es difícil describir lo que suponía para mí que él me leyera con su hermosa y pausada voz.

Lo hizo, poema a poema, sin comentar nada… Al terminar se dirigió a Renata:

—¿Crees que debo presentar este poemario en el Ateneo de Madrid?

—Yo creo que sí.

—Luz, querida colega poeta… No sólo lo voy a presentar, sino que lo haré con todo el respeto que merece este poemario. Me ha conmovido su lectura, por la frescura de las imágenes y por el hermoso dominio de nuestro idioma. Además, ya he elegido un poema para leer en el ateneo: «La patera».

De una u otra manera, todos tus poemas son de amor. Este, en concreto, es de amor a tu prójimo. Lo leo de nuevo…

El mar mece la barca,
la sed y el hambre.

La miseria, desnuda,
llaga y pudre la carne.

Nunca fue el horizonte
tan lejano, tan esquivo y cobarde,
ni el vientre de la tierra, tan redondo,
ni el abismo, tan negro e insondable,
la justicia del sol, tan asesina,
ni la maldad del hombre, tan infame.

Mientras mece la barca
canta la mar:

A continuación, para deleite de mis oídos, improvisando una melodía, cantó la nana final:

«Dormíos, niños míos,
para no despertar;
los ojitos abiertos
llenos de sal».

—Me has hecho llorar, Luz –dijo Renata.

—¡Madre mía!, Alberto sí que me ha hecho llorar a mí.

—Tu poemario –dijo Alberto– tiene la capacidad de conmover al lector y de transportarlo a sus propios sentimientos. No siempre se consigue. Enhorabuena.

Me latía el corazón con tanta fuerza que me asusté un poco, mientras me secaba alguna lágrima.

El beneplácito de los dos me pareció una bendición. Me sentía menos insegura. Estos primeros poemas, escritos con el alma desnuda, eran como un vaciado interior que me daba un cierto pudor.

Ahora sé que sólo así puedo escribir poesía: corita ante el lector.

—Voy a buscar algún poemario mío. ¿Sabes que tengo cinco publicados?

Sin esperar mi respuesta, se levantó, resuelto, y enseguida volvió con dos libros.

—Bueno… Ahora léeme tú a mí. Creo que me va a gustar mucho escuchar mi poesía en una voz como la tuya, ¿cantas?

—Sí, pero no como tú. Sólo para los amigos.

—Así empecé yo, ja, ja, ja… Nunca es tarde. Mira por dónde, cómo acabamos de descubrir a una nueva poeta-cantante.

»La tarde aún es joven. Elige alguno, al azar.

»No leas todos. Te los voy a regalar…

Salieron los dos a despedirme. Renata me puso en las manos una medalla de La Purísima. «Toma, bonita. Es la virgen que se venera en Boadilla del Monte. Ella te protegerá de todo mal de aquí en adelante. No deberías sufrir más. Te sangra el corazón en tus poemas.»

Así fue como transcurrió esa tarde, inolvidable y mágica, en la que salí de aquella casa con el doble regalo de los maravillosos poemarios de Alberto Cortez y su promesa de presentar el mío en el Ateneo de Madrid.

Lo hizo y, para ello, tuvo que cancelar un viaje programado. Nunca se lo agradeceré bastante.

Querido y recordado Alberto… Atesoro tus poemas, que leí ávidamente con el acicate de descubrirte en la intimidad. Los que interpretaste en público nos pertenecen a todos.

Gracias, gracias, gracias. Siempre te llevaré en el corazón.

IX

Al día siguiente, nada más desayunar, lo primero que hice fue llamar a José para contarle la visita a la casa de Alberto.

Había estado reflexionando, al despertar, sobre la conveniencia o no de publicar a continuación del poemario un libro sobre mi cocina y modo de vida, para conservar la salud y ayudar a alargar la juventud física lo más posible. La verdad es que no sabía por dónde empezarlo y ahora me hacía mucha más ilusión seguir publicando poesía; de hecho, ya le había dicho que tenía otros poemas escritos; además, era para mí más fácil, ahora que mi padre me necesitaba tanto, escribir a ratos que enfangarme en un libro de recetas.

—¿José?

—No, soy Jesús. José no estará hasta esta tarde en la editorial. Llámalo al móvil. Está en su casa.

—De acuerdo.

—Por cierto: ya me ha dicho que tenéis el orden decidido y que nos mandabas algún poema más. Ya sabes que, cuanto antes me entregues el documento definitivo, mejor. Te enviaré la primera prueba para corregir y, como ya tienes la sala del Ateneo reservada, vamos con el tiempo justo.

—Sí. Hoy veré si incluyo alguno más y mañana mismo te lo mando. Gracias, bonito.

Encontré a José en su casa. Se había puesto, según me dijo, a desbrozar la escalera de subida a la casa.

—Me coges de jardinero. Je, je…

—¿No me digas?

—Pues, sí. Me has infundido un deseo de cambio. La casa está hecha una pena. También se han introducido nuevas costumbres a la hora de sentarnos a la mesa. No es que llegue a tu nivel, pero, por lo menos, la ponemos más bonita.

—Ja, ja, ja… ¿No me digas?

—La verdad es que sí. Tu personalidad me ha dejado una impronta que no puedo negar.

—Acabo de hablar con Jesús. Mañana le mandaré el documento definitivo para que pueda poner en marcha la edición.

—Es que no ha sido fácil conseguir sala en el Ateneo y nos han dejado un hueco antes de lo previsto. ¿Qué hay del presentador?

—Pues que me ha dicho que sí.

—Si te digo la verdad, no lo esperaba. Cuéntame…

—Hombre de poca fe.

Hablamos largo rato y se fue entusiasmando y emocionando conmigo a medida que se lo contaba.

—Va a ser increíble. He admirado siempre a Alberto Cortez. Por cierto, no sabía que había publicado cinco poemarios, aunque, bien pensado, es lógico. Quedarán para la posteridad. Seguro que no habrá grabado todos los que ha escrito.

—Claro que no. Yo estoy feliz, como te puedes imaginar.

—Ya lo creo que me lo imagino. Me alegro mucho por ti y,

egoístamente, también por mí como editor. Va a ser un acto magnífico…

Lo fue. Mi primer libro, *El grito de la mariposa*, se presentó en el Ateneo de Madrid.

Estuve acompañada, y arropada, por todas las personas que en ese momento de mi vida eran las más importantes para mí: mi padre, ya en silla de ruedas; mis hijos y mis nietos; tíos; primos; amigos… Algunos ya no están, como doña Ángeles, mi vieja profesora de Literatura que, además de serlo durante todo mi bachillerato, ya de adulta, fue mi inestimable confidente.

Mis amigas más íntimas me acompañaron recitando poemas.

Después he presentado otros libros, títulos que, uno a uno, me han ilusionado, pero este es mi libro especial porque, aunque ya no pudieron estar conmigo ni mi madre ni mi tía Aurora, su impulsora, la virtual presencia de ambas me acompañó en todo momento. Mi primo Juan Carlos, único hijo de mi tía Aurora, sí vino desde México con Elsa, su mujer, para compartir ese inédito capítulo de mi vida que tantos momentos felices me ha proporcionado desde entonces.

En cuando al libro de cocina y de consejos de modo de vida, me dio mucha pereza abordarlo. Lo que sí hice fue escribir, para no olvidarlo, todas las circunstancias del viaje a Barcelona, cuando aún lo tenía fresco en la memoria, y le puse a José un *mail* en el que le resumía un poco las bases de mis costumbres para que se conformara.

Como lo conservo, lo comparto…

Mi querido editor

Te pongo este correo para agradecerte, muy de veras, la puesta en marcha de mi primer libro. Todo lo que ha pasado desde que nos conocimos en Barcelona ha ido resultando como un nuevo universo mágico, en todos los sentidos…

He terminado de leer tu poemario. Ya sabes que lo he ido saboreando poco a poco, como me gusta abordar los poemas: libro de cabecera (literalmente en mi mesilla de noche) y poema a poema para ir conociéndote mejor.

Me ha desvelado algunos aspectos de tu personalidad inéditos, como debe ser. No esperaba menos en cuanto a su calidad literaria, dado lo leído e instruido que eres, y me has tocado el alma en lo sentimental…

No esperes que después de un poemario, y de otro que me vas a publicar en breve, te escriba un libro tan dispar como es un libro de cocina y de consejos de modo de vida, además, debo confesarte que me produce un cierto pudor el autobombo que significa contar a los lectores por qué estoy tan bien a mi edad.

Lo que sí que voy a hacer es contarte, más o menos, en qué consisten mis costumbres, por si te sirven para incorporar a tu vida.

Empezaré por decirte que creo, firmemente, que cuerpo y mente están intrínsecamente unidos y que no debemos cuidar uno y desatender al otro. El cuerpo es lo que tenemos para andar por la vida y aunque sea consciente de que pueden venir desajustes de salud imprevisibles, estos serán quizás menores o incluso no llegarán a producirse, si lo cuidamos.

En cuanto al aspecto mental, es fácil resumírtelo si te digo que mi lema es el que me enseñó mi tía Aurora:

«Pase lo que pase, yo todos los días abro mi ventana».

Literalmente, lo hago para dar gracias a la nueva amanecida. Si hace frío o calor, da igual, lo primero que hago es ceñirme la bata, abrir la puerta de mi casa y salir al jardín. Últimamente he leído que tiene una justificación científica, que es la de dejar que penetre la luz a través de nuestros ojos para activar el cerebro… Así, pues, pura intuición.

Esta actitud también es filosófica, como sabes.

En lo que se refiere al entrenamiento físico, lo único que hago es salir, a media mañana, para hacer media hora de marcha atlética. Después, en la elíptica, hago un cuarto de hora, como mínimo, para entrenar el tren superior. He de confesarte que, así como me encanta hacer deporte al aire libre, porque la pista de atletismo es un paraíso de césped y árboles, me aburre soberanamente la elíptica en el garaje. Ahora que te lo cuento, creo que voy a instalar algo (video-música) que me invite a quedarme, por lo menos, otra media hora en ella.

Sabes que vivo en una casa con escaleras. No tengo ninguna pereza en subirlas y bajarlas toda las veces que haga falta.

Mi dieta está basada en verduras, legumbres (garbanzos, judías, lentejas, guisantes, habas, altramuces…); buen pan integral (arroz y pasta de modo ocasional); frutas; frutos secos (al natural o tostados en casa); queso fresco de cabra; yogures desnatados naturales; leche omega 3; carnes magras; pescados y un huevo diario que tomo en el desayuno. ¡Ah! Y dos onzas de chocolate negro (85 % cacao) que me llevo al sofá, para relajarme con la gata, después de comer.

La manera de cocinar, saludable. No fritangas, mejor al vapor, verduras al dente, etc.

Antes de cocinar las carnes, las limpio muy bien de grasas (no vale de nada quitarle al pollo la piel después de cocinarlo). Las grasas, y tiene muchas, penetran en los tejidos.

El cocido madrileño me encanta y lo hago con bastante frecuencia cuando empieza el frío, así como el gazpacho en verano. Pues, bien, el cocido para mi consumo habitual lo hago de una manera y, cuando tengo invitados, de otra. Te pasaré receta.

Mi horario de comidas es inglés: madrugo, aunque nunca con despertador. Me despierto sola. Suelo estar desayunando, tranquilamente, escuchando y leyendo noticias, alrededor de las ocho. Comida en torno a la una y media y cena entre las siete y media y las ocho. Después ya no tomo nada, con lo que suelo dejar descansar el estómago unas doce horas.

A las once de la noche pliego y, después de desmaquillarme y todo ese rollo, me voy a la camita a leer hasta que entro en el dulce nirvana de los sueños… sin hipnóticos.

Si vuelvo tarde a casa, me acuesto tarde y no pasa nada. Si hay que transgredir, se transgrede, ja, ja, ja. Procuro huir del fundamentalismo, en todo…

Si preparo alguna comida casera, para amigos o familia, tiro de la cocina de toda la vida que, por cierto, aprendí en el impagable libro de recetas que editó la Sección Femenina. La primera edición es de 1950 y su autora, Ana María Herrera. No sólo te proporcionaba recetas de cocina española tradicional, sino que te ayudaba a elegir menús que equilibraran la dieta familiar, además de enseñarte qué productos de temporada te ofrecía el mercado en cada estación. Hoy por hoy, creo que sigue siendo el libro de cocina más vendido. Te lo recomiendo.

Soy poco bebedora, pero, en esas comidas de amigos o familia, me tomo alguna copa de vino, sin problemas. Tampoco desdeño un *gin-tonic* (sólo uno) en el alterne noctámbulo…

El azúcar tampoco está en mi rutina diaria, pero, te digo lo mismo, de vez en cuando me doy algún capricho apetecible.

En este sentido, y para no sentir remordimientos a la hora de tomar algo de alcohol o dulces, la familia real inglesa es para mí un claro ejemplo de que se puede empinar el codo a diario y comer dulces en el desayuno, comida y cena (véase a la reina madre y a la hija) y vivir cien años.

No obstante, el amedrentamiento al que nos tienen sometidos los nutricionistas últimamente, me infunde una cierta «temerosidad» cuando transgredo… Excepción hecha del botellín de cervecita, bien fría, que me tomo cada vez que me apetece, se pongan como se pongan, en la comida de mediodía.

En cuanto a los dos litros de agua al día recomendables, pues creo que más o menos es lo que vengo a tomar, aunque sin echar cuentas.

Puñado de frutos secos y tres raciones de calcio (leche, queso fresco o yogur), diariamente.

El control analítico básico me lo hago cada seis meses, más o menos, incluyendo los niveles de vitaminas. A estas alturas de mi película, sólo tomo a diario suplementos de vitamina D+K para fortalecer mis huesos (fundamental la asociación de la vitamina D con la K para que el calcio de la dieta no se deposite en las arterias y sí se fije en los huesos); un preparado de colágeno, magnesio y ácido hialurónico y una perla de omega 3. Ningún medicamento, por ahora, a Dios gracias.

Si suben los niveles de colesterol o la tensión, por la edad o por otra circunstancia, lo primero es tratar de controlarlos con ejercicio y dieta. Si no se consigue, lo que mande el médico.

Bueno. No sé qué más contarte sobre mi vida física, salvo que, en resumen, hace muchos años que me alimento como te explico: saludable. No creo en las dietas milagro que no hacen sino hacer sufrir penalidades sin cuento a la gente, porque suelen subir de peso en cuanto vuelven a las costumbres normales.

Te diré que soy una maníaca de pesarme a diario. En cuanto me despierto y hago pipí, me subo al peso. Así controlo enseguida un kilo de más y voy, con saña, a por él. (Que esto último quede entre nosotros. No quiero que piensen que soy una loca de atar.)

No me gasto mucho en cremas, aunque sí las uso. Mi crema favorita es la *Nivea* de caja azul, la de toda la vida. Un dermatólogo me dijo que, en los hospitales, la usan para rehabilitar pieles de quemados.

En cuanto a la estética externa, pues ya me conoces… Busco la elegancia, no sé si lo consigo, en la sencillez, sin estridencias ni excentricidades de señora mayor que ha perdido el norte y el calendario.

Para alimento del espíritu, buen rollo con amigos, hijos, nietos y resto de familia; interés por el mundo que me rodea; cariño a mi gata y a todos los seres vivos (incluidos humanos) del planeta.

Y ahora, creatividad literaria… No sé si me dejo algo en el tintero.

¡Ah! de amores, los justos y escrupulosamente seleccionados…, je, je, je…

Libro de cocina no, pero mañana mismo elegiré alguna «receta estrella» de mi cocina, de la de mi madre, mi suegra y mis amigas. También buscaré otra, selecta y sofisticada, del antiguo libro de mi madrina.

Ahora que releo el *mail,* lo encuentro un poco o un mucho prepotente. Esa es una de las razones por las que no me apetece escribir el típico libro de autoayuda físico-espiritual (que, por cierto, tanto abundan ahora).

Ya que has demostrado tan pertinaz empeño en que te cuente «¿Por qué estás tan bien a tu edad?», puedes escribirlo tú y hacer uso, si te sirve, de todo esto que te cuento. Si te animas y tienes alguna pregunta más, ya me dices…

Me gustaría, no obstante, que te quede constancia de mi conciencia y consciencia, de «La insoportable levedad del ser». Para ello, te mando este poema, como adelanto del próximo poemario que, no albergo ninguna duda, ja, ja, ja, me vas a publicar…

LA GOTA EN EL TORRENTE

Somos sólo una gota en el torrente;
es tan frágil el ser…

Pero, qué hermosa gota
cuando pende al extremo
de la estalactita.

En la punta afilada de la lanza,
por un único instante,
el agua destilada se convierte
en una perla única, irisada,
perfecta en su armonía transparente.

La efímera belleza diminuta,
va a suicidarse, indefectiblemente,
en un crisol de ondas contra el lago;
pero ese es su destino, al fin y al cabo,
regresar al silencio de la gruta.

Espero, con impaciencia, que llegue el día dos de noviembre del año de gracia de dos mil nueve.

Nos vemos en la presentación de *El grito de la mariposa*.

Será una cita inolvidable.

Besos de Luz

RECETARIO

RECETAS DE MI MADRE, TÍA PEPITA, TÍO JULIO, SUEGRA, AMIGAS Y MÍAS

Primero decirte que, como me casé con veintiún años recién cumplidos, tenía poca experiencia culinaria. De hecho fue uno de los retos más difíciles de mi nueva condición de ama de casa (así se decía entonces y lo encuentro muy acertado). Poner en marcha una casa para dos y que en poco tiempo sería para tres churumbeles más, no fue nada fácil…

Pero hablamos de cocina y tengo que confesarte que, para empezar, me compré la cacerola más grande que vendían en la ferretería, sólo por la tapadera… Sí. No te extrañes. Era para utilizarla, a modo de escudo, cuando hacía huevos fritos o cualquier otra cosa que salpicara de aceite caliente… Cascaba los huevos en una taza y los arrojaba a la sartén desde lejos… No todos caían en su sitio.

Ha llovido mucho desde entonces y ahora me encanta cocinar y, aunque esté mal el decirlo, lo hago bastante bien. La cocina es la tarea que más me gusta de la casa, con diferencia sobre las demás.

Me encanta inventar. La improvisación es esencial cuando se trata de aprovechar lo que tienes en la nevera.

Ya te dije que no te iba a escribir un libro de cocina, pero he rescatado algunas recetas mías y familiares. Luego he pedido a mis amigas que me den su «receta estrella» y me han abierto el abanico multicolor de la buena cocina española… Así sales del *«pa tumaca»* y la butifarra, ja, ja, ja, aunque… se me ocurren dos recetas catalanas estupendas: la escalibada y el conejo rustido.

¡Pero no! A lo que voy: me atengo al enunciado y te mando unas pocas.

Besos de Luz

Voy a empezar por lo más difícil: dos recetas de Navidad, una de mi madre y otra de mi madrina.

Mi madre preparaba el pavo, que compraba mi padre en los puestos de temporada de Manuel Becerra y Doctor Esquerdo. En Navidad vendían volátiles, sobre todo pavos, y en verano, melones y sandías.

Era una tradición más que yo lo acompañase a elegir al pobre animalito. Todos tenían una cara de susto que para qué. El pavero los cogía en volandas, para que el cliente pudiera palpar los muslos y la pechuga. Los gordos corrían peor suerte que los delgados.

Una vez hecha la transacción, el pobre pavo era atado por las patas y la gente se los llevaba cabeza abajo. Mi padre optaba por taparle la cabeza con un pañuelo (para que no pasara susto, decía) y, a instancias mías, lo cogía en brazos. En fin… En cualquier caso, un horror.

Afortunadamente, ahora compro dos pavitas, que dan de sí para dieciséis raciones, y no tengo que participar del horrible espectáculo de su preselección y posterior ejecución, además, son más jugosas y más tiernas. Las acompaño de crema de boniato y de lombarda. Te mando la receta de las dos cosas también.

PAVITAS DE NAVIDAD

Creo que esta receta es la más engorrosa de hacer de las que te voy a mandar (aunque la de la merluza de mi madrina tampoco es manca).

Hacerla me cuesta sangre, sudor y lágrimas…, bueno, lo de la sangre es una exageración, pero el sudor y las lágrimas, no. Mis pavitas van siempre regadas con alguna lágrima que otra.

Me emociono recordando la cocina de mi casa de niña. Allí estaba mi madre, afanándose en pinchar el pavo por toda la pechuga, muslos y contramuslos, con mantequilla derretida y coñac. De vez en cuando me dejaba jugar a los practicantes y dar algún chupito al coñac. Era estupendo.

Mi abuelita Jacinta, sentada al calorcito de la caldera de carbón y leña, nos miraba beatíficamente mientras rezaba bajito por los niños pobres que no tenían para comer y que pasaban frío.

«Dios te salve María, llena eres de gracia… ¡Contesta, nena, que estás en las musarañas!»… «Santa María, madre de Dios, ruega por nosotros, pecadores, ahora y en la hora… Amén.»

La casa olía a Navidad. En la radio sonaban villancicos y yo limpiaba con la mano los cristales empañados de la ventana, como el parabrisas de un coche, para ver caer los copitos de nieve sobre las acacias desnudas del patio…

CÓMO SE HACEN:

Limpiar de pluma y cañones. Coser la piel del cuello, dejando un orificio suficiente para introducir el relleno.

Disponer de medio litro de caldo casero.

Relleno: (por unidad)

—Medio kilo de carne magra de cerdo, molida dos veces

—Media barra de pan remojada en vino blanco de Rueda

—Una cebolla grande

—Cuatro manzanas dulces, medianas

—Ciruelas pasas, docena y media

—Arándanos secos, un buen puñado

—Dos docenas de castañas, cocidas y peladas

—Piñones, un buen puñado

—Sal

—Azúcar moreno, dos cucharadas

—Ajo en polvo, dos cucharaditas colmadas

—Canela, tres cucharaditas colmadas

—Dos clavos machacados

—Perejil fresco picado, tres cucharadas soperas

—Dos huevos poco batidos

Preparación:

Pochar la cebolla picadita.

Añadir la carne picada y rehogar hasta que esté hecha.

Cortar las manzanas en taquitos, añadir el azúcar y hacerlas al microondas en recipiente de cristal con tapa, para que no pierdan jugo, entre diez y quince minutos.

Juntar todo con la carne: manzanas, pan desmigado y el resto de ingredientes. Salar y condimentar. Los huevos se echan lo último. Revolver bien. Tiene que quedar una masa suave y, a la vez, consistente.

Por último, rellenar y coser las pavitas. Con hilo de cocina, coser primero la abertura del cuello, luego, lo más cómodo es colocarlas con el culete para arriba dentro de un bol grande de ensalada, así se sujetan solas. Rellenar, apretando bien, y coser. Sazonar con sal todo el exterior y untar bien con aceite de oliva.

Envolver en film transparente y dejar reposar en la nevera de un día para otro. Que no es, ni más ni menos, que ¡el día de Navidad!

Asado:

Yo tengo una fuente de horno grande y alta (10/12 centímetros) porque es lo mejor para evitar salpicaduras y para recoger bien los jugos y asar las dos pavitas a la vez.

Calentar el horno a 200°. Con el horno caliente, colocar las pavitas, boca abajo, regar con el caldo y meter al horno, tapadas con papel de aluminio y bajando la temperatura a 170°. Dejar una hora. Con esto se consigue que las pechugas queden tiernas y jugosas. Sacar, cerrando inmediatamente el horno para que no pierda calorías, y colocar boca arriba. Regar con el caldo y dejar otra hora, tapadas con papel de aluminio. Por último, con el horno a 200°, ir girándolas para dorar, por detrás, por los lados y, por último, por la pechuga. (Cerrando rápido el horno cada vez.) Esta operación lleva una media hora y hay que estar pendiente para no requemarlas. También hay que hacerla sacándolas del horno. Yo lo hago poniéndome unos guantes de fregar gruesos.

Como el tiempo total para el asado es de dos horas y media y después, apagado el horno, hay que dejar reposar las pavitas, con la puerta entreabierta, media hora. Hay que calcular el momento de sentarse a la mesa para que coincida con esa media hora de reposo y mientras la familia disfruta de los entrantes, yo voy y vengo corriendo como pollo sin cabeza y saco el asado en su punto justo.

Se aplaude mi entrada al llegar al comedor con las pavitas pinchadas de bengalas, tipo estrella, encendidas.

Es altamente satisfactorio ver las caras de los niños, bueno, de todos...

En cuanto a la...

CREMA DE BONIATO, es facilísima.

Se lavan los boniatos y se ponen a cocer cubiertos de agua una media hora o más, según tamaño. Se pinchan y, si están tiernos, se pelan y se baten en un bol con la batidora de mano. No llevan nada más, ni sal ni azúcar. Su sabor natural es perfecto.

LA LOMBARDA es algo más laboriosa.

Lavarla y picarla menudita. Ponerla en una cazuela y espolvorear de sal. Echarle por encima medio o un vaso de agua, según cantidad. Ponerla a fuego fuerte, tapada, hasta que empiece a soltar vapor. Luego bajar el fuego y dejarla media hora o un poco más hasta que esté entretierna y al dente.

Pelar y picar, muy menuditas, dos cebollas grandes. Poner un chorro de aceite de oliva en una sartén y pocharlas, tapadas, hasta que doren ligeramente.

Mientras se van haciendo, tostar un buen puñado de piñones (no chinos, por favor) en una sartén seca. Remover para que se doren por todos los lados. Reservar en una taza.

Pelar y picar en taquitos unas manzanas, al gusto. Yo utilizo seis para una lombarda mediana. Saltear en la misma sartén de los piñones con aceite de oliva y azúcar moreno, hasta que queden tiernas.

Se emplata en una fuente alargada por este orden:

Lombarda; cebolla extendida por encima, y lo mismo se hace con los taquitos de manzana y, por último, los piñones.

Se sirve bien caliente. Y lo mismo la crema de boniato.

♣

MERLUZA DE NAVIDAD DE TÍA PEPITA.

Otra receta nostálgica, sofisticada y difícil.

Mi abuelita Jacinta, como ya te contaba, y la tía Pepita, su hija mayor y mi madrina, venían a pasar los días de Nochebuena y Navidad en casa. ¡Era maravilloso! Hasta el gato se alegraba de verlas, sobre todo a la abuela. Se acomodaba en sus rodillas cuando llegaba y no la dejaba en paz hasta que se iba. Runrún…, runrún…, tapadito debajo de su toquilla. La abuelita olía siembre a agua de lavanda y tenía una cara sonriente, rellenita y blandita que daba gusto acariciar.

Mi tía reinaba en la cocina con una eficiencia asombrosa. Para la cena de Nochebuena, preparaba un montón de aperitivos, en los que no faltaban nunca las croquetas de jamón.

De primer plato, la sopa de picadillo. Después, la merluza rodeada de un jardín de hojas y rosas multicolores de puré de patata teñido con anilinas especiales para cocinar. Ambas de obligado cumplimiento.

De la punta de una boquilla, entre las mágicas manos de mi madrina, salían tallos cubiertos de hojas verdes y otras otoñadas y rosas montadas pétalo a pétalo. Cuando llegaba la gran fuente al centro de la mesa, todos quedábamos extasiados.

Pirracas tenía permiso para sentarse a mi lado en la trona de cuando yo era más pequeña y que usaba para jugar con él y con los muñecos, en mi habitación. Le encantaba la sopa y los pedacitos de pescado también. Luego se lavaba la carita que daba gusto verlo con su babero azulito, tan guapo.

Después de la cena pasaban los vecinos a tomar turrones, polvorones, mantecados, peladillas, frutas escarchadas… Y las invariables copitas de Anís del Mono y coñac Terry, que yo me empeñaba en que comprara mi madre porque la botella iba recubierta de una malla amarilla que yo reciclaba para vestiditos de las muñecas.

Todos admiraban el pequeño Misterio que yo había hecho en el colegio, cascando el costado de un botijo, a modo de entrada de gruta, y al que mi padre había introducido una lucecita que se encendía y apagaba. Las figuritas de barro: el Niño, la Virgen, san José, la mula y el buey estaban dentro sobre un suelo de serrín del gato. Los reyes magos, con los camellos, venían andando sobre una bufanda mía de color verde extendida sobre el taquillón de cuarterones del mueble del recibidor. «¡Te ha salido beata la niña, Pedro, qué vergüenza, jo, jo, jo!», decía, invariablemente, Régulo, nuestro vecino de enfrente. A lo que Milagros replicaba: «¡Calla, hereje!».

Mi abuela acompañaba, con la musiquilla cristalina que conseguía rascando con una cucharilla los cuadraditos tallados en la botella de anís, a mi madrina, que entonaba con su maravillosa voz de soprano villancicos antiguos de las monjas… «Madre, en la puerta hay un niño, más hermoso que el sol bello, que dice que tiene frío y el pobrecito va en cueros. Anda, dile que entre; se calentará, porque en esta tierra ya no hay caridad, ni nunca la ha habido, ni nunca la habrá»… «Te los tienes que aprender, nena.»

Y así, hasta las tantas de la madrugada, año tras año…

CÓMO HERVIR LA MERLUZA:

En una cazuela larga y alta (para pescado) preparaba un caldo con cebolla, ajos, laurel, un chorrito de aceite y un poco de sal. Cuando estaba listo, como una hora, lo sacaba y allí, en el caldo limpio, hervía la merluza entera, sin cabeza, hasta que salía la espina por delante del cogote.

La limpiaba perfectamente de espinas y la colocaba abierta en medio de la fuente. Luego la decoraba como te he dicho.

Para lo de la decoración búscate un tutorial de pastelería… Yo ni lo he intentado… Pero como querías también alguna receta sofistica, pues aquí la tienes.

El puré de patata, con leche y mantequilla, como ella lo hacía, también te vale sin tantos adornos.

Te limitas a hacer montoncitos con la boquilla, con o sin colores, y tan ricamente.

¡Ah! Y como seguro que no tienes una cazuela tan larga, pues partes la merluza por la mitad y luego la colocas junta en la bandeja.

El PURÉ DE PATATA

Hervir las patatas en agua con sal, bien limpias y con la piel, una media hora, si son medianas o algo más, según tamaño.

Pelar en caliente y pasar por un pasapurés a un bol grande. Luego poner mantequilla al gusto y, poco a poco, añadir leche hasta adquirir la consistencia deseada. Ya te digo yo que muy poca, si te atreves a hacer los floripondios, porque tiene que quedar consistente. ¡Es muy difícil!... Aunque el golpe de efecto es único.

❦

Vamos con las…

CROQUETAS DE MI MADRE

Ingredientes:
−Un litro de leche entera
−125 gramos de mantequilla
−Tres cucharadas soperas, colmadas, de harina
−150 gramos de jamón de buena calidad, picado fino
−Dos cuartos traseros de pollo
−Seis huevos (tres para la masa y tres para el rebozado)
−Pan rallado grueso

Salen entre sesenta y setenta croquetas, de medianas a algo más pequeñas.

<u>Preparación:</u>

Asar en una cazuela o sartén con tapa, los traseros de pollo previamente sazonados de sal y untados de aceite de oliva virgen extra, por las dos caras a fuego bajo. Aproximadamente media hora.

Cocer tres huevos duros. Doce minutos es suficiente.

Picar menudito el pollo y conservar en el caldito que suelta. Picar igual los huevos. Reservar por separado.

Derretir la mantequilla a fuego suave, para que no se caliente demasiado, en un puchero o cazuela alta. Así luego podemos meter el brazo de la batidora sin que zozobre.

Incorporar la harina a la mantequilla y remover con cuchara de palo, siempre a fuego suave, hasta que se mezcle bien. Ir regando la leche y continuar removiendo vigorosamente. Dejar que hierva despacio, rascando el fondo constantemente, unos diez minutos. Alternar la cuchara con el brazo de la batidora y así no hay que trabajar los grumos. Queda una pasta suave y fina.

Añadir el pollo picado con su caldito y el jamón.

Continuar removiendo unos cinco minutos más. Probar de sal y rectificar. Dependerá de lo que el jamón haya soltado.

Por último, apartar del fuego y juntar, removiendo, los huevos duros picados.

Extender en una bandeja en la que quede la masa como de unos dos dedos de alta.

Una vez fría, podemos envolver las croquetas. Yo las formo con dos cucharas tamaño sopa y las voy echando en el huevo batido con un poco de sal, bien cubiertas, y luego las paso por el pan rallado envolviéndolas exhaustivamente para que no quede resquicio por el que puedan romper al freírlas. Hay quien primero las pasa por harina, luego el huevo y, finalmente, el pan.

Te doy un truco mío, en exclusiva…

Las envuelvo en pan rallado y puré de patata en copos a partes iguales. (Este truco lo compartí con el chef del Wellington y lo consideró genial.)

Condición indispensable para conseguir que no se rompan al freír: hacerlo en abundante aceite de oliva virgen extra, bien caliente y fritas de seis en seis.

Yo las frio en una sartén muy alta porque tienen que quedar sumergidas por completo. Así no hay que darles la vuelta.

Sacarlas con cuidado a papel de cocina.

Esperar a que vuelva a coger calor el aceite y seguir la secuencia.

A medida que voy llenando una fuente, las mando para el comedor.

Debes confiar el envío a alguien de fiar.

Por ejemplo, que no sea mi nieto Quino, que no sé como lo hace porque se come dos o tres por el camino, aunque quemen a rabiar…

♣

Creo que voy a seguir con dos…

RECETAS DE ARROZ DE MI SUEGRA, CATY

La que hacía de conejo y otra que recuerdo de ajos tiernos, coliflor y bacalao… Las dos, sublimes.

Yo trato de imitarla y la verdad es que me salen muy buenas las dos, pero su mano… o quizás el agua de Águilas… Los nostálgicos recuerdos del patio de su casa, Villa Virtudes. El mítico sabor de esos arroces que perdura en el tiempo, en la memoria.

Caty era una mujer bellísima. Y lo sigue siendo para mí cada vez que la evoco.

ARROZ CON CONEJO

Caty criaba conejos, pollos y gallinas, en un rincón del patio trasero de Villa Virtudes.

Los huevos, recién cogidos, eran una delicia con patatas fritas.

Otra cosa era cuando hacía arroz los domingos… Sólo tenía que elegir a su víctima de entre todos aquellos encantadores animalillos.

Yo procuraba no pasar por allí, ni siquiera a mirarlos, para no cogerles cariño.

El conejo, despiezado y en un barreñito de cocina, con sal y limón, era la única constancia que quedaba del homicidio. Mejor no pensar…

Ingredientes:

–Un conejo (no necesariamente muerto por tus propias manos)

–Dos pimientos verdes, de freír, en trozos

–Un pimiento rojo, en tiras

–Dos o tres alcachofas en cuartos

–Tres tomates medianos, sin piel y troceados

–Seis dientes de ajo, con piel y golpeados

–Una tacita pequeña de arroz, redondo, por persona. Para un conejo de mediano a grande, cuatro o seis tacitas

–Un ramito de perejil

–Un sobre de azafrán

–Aceite de oliva

–Sal al gusto

Cómo lo preparaba:

Parece que la estoy viendo…

Ponía un buen chorreón de aceite en la paellera (en valenciano, paella). Lo hacía a ojo, pero calculo que no era menos de medio vaso o algo más.

Con el aceite caliente, colocaba los pedazos de carne con los ajos y, una vez dorados, los daba la vuelta. Apartaba la carne con los ajos.

Freía el pimiento. Lo apartaba.

Freía la alcachofa. La apartaba.

Echaba, por último, el tomate y lo iba picando con la paleta y rascando el fondo de la paellera, que quedaba sin ninguna incrustación de los fritos de antes. Incorporaba el arroz y lo rehogaba un poco.

Majaba, en el mortero, el perejil y el azafrán, que ella tostaba en un poco de papel de aluminio, al fuego de gas, pero ahora no hace falta porque ya suele venir tostado.

Luego echaba el agua (caliente) al mortero y se la iba incorporando al arroz. Ella ponía el agua a ojo, pero yo recomiendo poner, en principio, el doble de tacitas de agua que de arroz y luego ver si requiere un poquito más.

Salar al gusto.

Por último, iba colocando las tajadas de carne, los ajos y las verduras y cocía a fuego medio y bien repartido.

Cuando miraba el arroz y veía que al grano apenas le quedaba un poquito de blanco en el centro, lo apartaba tapado con varias tapaderas en perfecto equilibrio.

Aquel milagro culinario llegaba a la mesa y siempre, siempre, estaba riquísimo. Amén.

Ahora, después de tener la receta escrita, según mis recuerdos y como la hago yo, me llama mi cuñada, Lina, y me dice que «la mamá» rehogaba el arroz con las tajadas y las verduras antes de echar el agua… ¡Bendito sea Dios!… Pues, así lo dejo. ¡Ah! Y también me añade que, si tenía unas gambitas, también se las ponía por encima, poco antes de terminar la cocción, y tiras de pimientos asados. Que cada uno lo haga como le parezca.

♣

ARROZ CON BACALAO

Como para seis personas. Vamos con él...

<u>Ingredientes:</u>
—Trescientos gramos de migas de bacalao salado
—Un manojo de espárragos trigueros
—Dieciocho arbolitos de coliflor (pequeños)
—Dos tomates medianos, sin piel y troceados
—Seis tacitas pequeñas de arroz redondo
—Una ramita de perejil
—Un sobre de azafrán

<u>Preparación:</u>
Aquí viene el problema. Hay que tener un mechero de cocina o cocina de gas.

Ella pasaba los trocitos de bacalao, seco, sin remojar, por el fuego, someramente, y luego los iba lavando al grifo. Los secaba y los freía en la paellera, previo chorreón de aceite. Los apartaba.

Luego freía los espárragos en pedacitos, tronchándolos con las manos hasta que rompían bien. Los apartaba.

Después le llegaba el turno a la coliflor. La apartaba.

Freía el tomate.

Ponía el doble de agua caliente a la paellera (doce tacitas) y echaba el perejil fresco majado con el azafrán.

Añadía el arroz y colocaba el bacalao y las verduras. La coliflor bien bonita y doradita, con los arbolitos para arriba.

Cocía a fuego medio, y bien repartido, hasta que se veía el grano con apenas un corazoncito blanco.

Probaba el caldo para ver si había que poner un poco de sal o no, según la que soltara el bacalao.

Ideal para los que guardan el ayuno de carne el Viernes Santo. Cosa que yo hago siempre, por tradición y porque me lo decía mi abuela y eso va a misa.

☙

Para acabar con las nostálgicas recetas de los que ya, por desgracia, no nos las pueden hacer, voy a pasarte la mítica, inconmensurable y nunca bien ponderada, del flan que el tío Julio aportaba a todas las celebraciones familiares. Primo hermano de mi padre y el último estalinista que yo he conocido. Este «defectillo» lo suplía, con creces, con el cariño que a todos nos tenía, y nosotros a él.

Esas mesas donde no faltaba ninguno…

Él con la tía Manola, tan simpática y ocurrente como guapa que, a Dios gracias, vive y es la que me ha pasado la receta. El tío Pepe, hermano de mi padre y la tía Antoñita, dos ángeles del cielo. La tía Asunción, hermana del tío Julio, culta, interesante… Se sabía, uno por uno, los nombres de todos los árboles del Jardín Botánico… Mis padres… Mis hijos aún en casa…

Bajo el emparrado del patio trasero, que era el lugar más fresquito para comer fuera en verano.

No sé si habrá un lugar donde me esperan los que se han ido… Pero rezo para que cuando vaya hacia la luz que, dicen, hay al final del túnel, al menos mi última neurona visionaria, nos reúne…

FLAN CHINO DEL TÍO JULIO

Ingredientes:

—18 huevos

—Seiscientos gramos de azúcar blanco

—Tres cuartos de litro de leche entera

—Vainilla, si es en polvo, la punta de un cuchillo, y si es líquida, una cucharadita de café

Preparación:

Entre el tío Julio y la tía Manola, provistos de los siguientes utensilios de cocina...

Un molde redondo de 24 cm de diámetro/cinco cm de altura, y una cacerola lo bastante grande como para meter el molde y que quede espacio suficiente para introducir las manos, con guantes, para sacarlo. Un cazo con pico (importante, como luego se verá). Un apartador.

Lo primero que hacían era caramelizar el molde con doscientos gramos de azúcar. Dejaban enfriar.

Luego, el tío separaba las yemas de las claras de quince huevos y las iba poniendo, las yemas, en un bol grande. Después cascaba tres huevos enteros sobre las yemas y le añadía doscientos gramos de azúcar. Batía vigorosamente.

Entretanto la tía había puesto en el cazo a calentar la leche con otros doscientos gramos de azúcar y con la vainilla. Al subir la leche la retiraba.

El tío seguía batiendo y ella empezaba a echar, poco a poco, la leche sobre los huevos batidos y seguían batiendo sin parar.

Por último, se echaba en el molde que, a su vez, se introducía en la cazuela con agua hirviendo y sobre el apartador para que en ningún momento el agua llegara al nivel del molde. Se tapaba la cazuela y se dejaba media hora a fuego fuerte.

Se apartaba y se sacaba de la cazuela. Con papel absorbente de cocina se secaba, con mucho cuidado, la superficie del flan para quitar restos de humedad.

Ya frío, se desmoldaba pasándole un cuchillo fino por el contorno para facilitar la labor.

¡Qué delicia!… Y más cuando no sabíamos que el azúcar era el enemigo público número uno. ¡Qué tiempo tan feliz! Como dice la canción de Matt Monro…

Voy a seguir con tres recetas mías: el COCIDITO MADRILEÑO que te he prometido (el completo para los amigos y las comidas familiares y en la variedad saludable que suelo hacer para mí); MACARRONES, a petición de mis nietos, y unos PIMIENTOS ASADOS que he hecho hoy mismo y que son la debilidad de mi hijo Fernando, para la comida de mañana.

Tres recetas son suficientes, porque luego voy a compartirte diecisiete más (dieciséis de mis amigas y una de un amigo «cocinica» que se ha colado en el recetario).

COCIDITO MADRILEÑO

Para seis personas, porque hay que poner límites en todas las casas (en las mías no los hay). De hecho, suelo hacer un puchero enorme para los que puedan ir llegando o para que me quede para mí.

INGREDIENTES:

–Doce puñados de garbanzos

–Medio pollo

–Media gallina

–Medio kilo de morcillo de vacuno

–Una ristra de buen chorizo de pueblo

–Tres morcillas de cebolla

–Un pedazo de panceta fresca, como de tres o cuatro dedos de ancho

–Un buen trozo de tocino fresco y otro salado

–Dos huesos de rodilla y, si te dan de los de caña, coge los que puedas porque luego todo el mundo se pelea por el tuétano

–Un hueso de jamón

–Tres zanahorias grandes

–Tres patatas grandes

–Una cebolla grande, pelada y con dos clavos de olor pinchados en la parte dura

–Un manojo de hierbabuena

PREPARACIÓN:

La noche antes, echar a remojo los garbanzos en agua templada. La suficiente como para que los cubra muy por encima.

Poner el manojito de hierbabuena en un vaso con agua en la cocina para que la casa se vaya ambientando…

Por la mañana, poner en la olla rápida (yo tengo dos tamaños, pues el grande) los huesos, la carne de morcillo y la gallina con su piel.

Poner el agua, fría, suficiente como para que al añadir los garbanzos lo cubra todo con creces.

Te explico que, cuando quieres hacer caldos sabrosos, hay que poner las carnes en agua fría para que no se asusten al echarlas en caliente y así suelten bien la sustancia.

Esperamos que rompa a hervir y, después de quitar la espuma, le añadimos los garbanzos y la cebolla entera. Tapar la olla y cuando salen las dos rayitas (máxima potencia) se reduce el fuego (en mi vitrocerámica al dos y medio) y se deja veinticinco minutos.

En una cazuela aparte se ponen, en agua fría también, el pollo con su piel, tocino fresco y salado, panceta y chorizo. Dejar hervir media hora, a fuego bajo y bien tapado.

Pelar y trocear las patatas en cuatro pedazos y las zanahorias en tres cada una. Incorporar a la cazuela y dejar hervir hasta que estén tiernas. Un cuarto de hora o veinte minutos.

Cuando tenemos la olla y la cazuela destapadas, añadir sal al gusto y dejar cinco minutos a fuego medio para que todos los ingredientes vayan cogiendo la sal. Mientras tanto, ir retirando con un cacillo la grasa que, con el hervor, va subiendo a la superficie, y desechar.

EL REPOLLO

Lavar y trocear menudito un repollo pequeño o medio grande. Ponerlo en una cazuela. Añadir la sal necesaria y echarle por encima medio vaso de agua. Tapar y cuando salga vapor y la tapa esté caliente, bajar el fuego.

Pelar seis dientes de ajo y partirlos en láminas. Dorarlos, apenas, en algo menos de medio vaso de aceite de oliva virgen extra. Aquí hay división de opiniones: o con pimentón, en cuyo caso hay que apartar el aceite del fuego y echarle una o dos cucharaditas de buen pimentón de La Vera, o sin pimentón (a mí me gusta sin) y se lo echas por encima al repollo. Dejas que se haga al vapor unos veinte minutos.

Ahora queda otra tarea…

EL RELLENO

Que mi padre llamaba «torta bellaco»… Lo argumentaba con la siguiente historia: «Antiguamente, los pobres que andaban por los caminos pedían con una escudilla comida por las casas. Se les echaba una torta de estas con caldo del cocido». Pobres… y encima los llamaban bellacos… En fin, no sé qué tendrá de realidad, pero, si lo decía mi padre, va a misa.

Seis rodajas de un dedo de gruesas de pan del día anterior. Tres huevos. Una cucharada sopera de picadillo de ajo y perejil.

Batir los huevos, juntar con el picadillo, salar y poner a remojo las rodajas de pan. Aplastar con un tenedor y moldear seis tortitas.

Freír en aceite no muy caliente. Doradas, sacarlas a papel de cocina.

Luego las dejas que den un hervor en cualesquiera de las cazuelas de caldo.

Como puedes ver, te tienes que liar con el cocido nada más desayunar… Es muy laborioso. Luego poner la mesa bonita, preparar un par de botellas de vino tinto de Madrid… ¡Ah! y, sobre la mesa, aceitunas de Campo Real, pepinillos, berenjenas de Almagro, piparras de Navarra (las guindillas de los madriles son mucho más picantes y menos finas)…

Se impone un buen pan candeal, imprescindible.

Luego corro como loca para arreglarme y cuando llegan los invitados, estoy como si nada.

Suelo poner de música de fondo, siempre a un volumen discreto, *Cocidito madrileño,* de Pepe Blanco, y le siguen sus canciones: *¡Ay mi sombrero!, Madrid tiene seis letras, Me debes un beso…*

Bajo estos sones llega la sopa a la mesa, que saco entre los caldos de las dos cazuelas y hiervo con fideo no muy fino. Al apartarla, le pongo una buena rama de hierbabuena.

Después, en tres fuentes distintas:

–Garbanzos, patatas, zanahorias y relleno

–Carnes, tocinos, chorizo y morcilla. La morcilla, en rodajas, la pongo un minuto al microondas

–Repollo

Aceite de oliva virgen extra para regar a discreción

De postre suelo poner frutas frescas, según temporada. Por ejemplo, ahora, mandarinas.

El final de la comida es lo más catastrófico. Cada uno quiere un café distinto o infusiones… Luego, chupitos de aguardiente de hierbas o de café con unas rosquillitas y mantecados de la tierra.

❧

Bueno, pues ya te he dado mi receta de cocido madrileño. Ahora voy con el que me hago para mí...

VERSIÓN LIGERA Y SALUDABLE (para dos veces).

Pongo en agua fría los huesos de rodilla y de jamón, en la olla rápida. Cuando hierve el caldo le añado los garbanzos, cuatro puñados en seco y previamente remojados de la noche anterior, y la cebolla con un clavo de olor pinchado. Tapar y cocer veinticinco minutos. Desgrasar.

En cazuela aparte pongo los dos cuartos traseros de pollo, limpios de grasa y piel.

Cuando rompe a hervir le pongo una patata grande entera, dos zanahorias y un trozo de repollo entero. Lo dejo hervir media hora.

Lo como igual: primero la sopa con fideo fino integral, luego los garbanzos, el pollo, la patata, la zanahoria y el repollo.

Aceite de oliva virgen extra para aliñar y los variantes que ya te cuento en la receta completa.

❧

Ahora vamos con la receta de macarrones que, como te dije antes, hecha una encuesta entre mis nietos, ha ganado por goleada.

MACARRONES PARA NIETOS

INGREDIENTES (PARA DOS NIETOS QUE VENGAN A COMER; SI VIENEN MÁS, MULTIPLICA):

–Medio kilo de macarrones, mejor de pasta integral

–Un bote grande de un buen tomate frito casero, o mejor aún si es casero de verdad y lo sabes hacer bien

–Una ristra de chorizo

–Un solomillo de cerdo

–Dos cebollas medianas

–Un pimiento rojo grande

PREPARACIÓN:

Partir chorizo y solomillo en taquitos. En una cacerola grande saltear con medio vaso de aceite y su polvillo de sal, hasta que se dore la carne ligeramente. Apartar.

Picar menuditas las cebollas y poner a pochar en la misma cacerola, añadiendo otro medio vaso de aceite.

Picar el pimiento y añadirlo a la cebolla. Poner un poco de sal y dejar a fuego medio hasta que esté hecho.

Incorporar la carne y el chorizo. Darle unas vueltas para que se integren los sabores y luego añadir el tomate.

En una olla, lo suficientemente grande como para que se cueza la pasta con amplitud, poner dos hojas de laurel y sal y llevar a ebullición durante cinco minutos.

Cocer la pasta removiendo de vez en cuando y a fuego fuerte.

Cuando se cumple el tiempo de cocción recomendado por el fabricante, llevar a un colador y escurrir perfectamente.

Juntar con las carnes con tomate y remover para que se mezclen.

Como tenemos un resultado muy jugoso puesto que le hemos añadido una buena cantidad de aceite, no hace falta engrasar la bandeja de horno. A mí me gusta que sea amplia y alta para no salpicar. Espolvorear con una buena cantidad de queso especial para gratinar pasta, y meter al horno a 180º unos diez minutos.

Hay que vigilar que no se nos requeme el queso.

Con este plato, tienes garantizado el amor de los nietos de por vida y en el más allá…

PIMIENTOS ASADOS

Ingredientes:
–Todos los pimientos rojos que te quepan en la bandeja del horno (para aprovechar)
–Aceite de oliva virgen extra
–Ajo en polvo y sal

Preparación:
Precalentar el horno a 200º. Mientras tanto, lava escrupulosamente los pimientos con estropajo y jabón de platos. Enjuágalos muy bien y sécalos.

Cuando el horno haya alcanzado la temperatura adecuada, introduce los pimientos colocados en la bandeja sobre papel de hornear, a una altura media.

Baja la temperatura a 180º y deja un cuarto de hora. Luego les das la vuelta y deja otro cuarto de hora más.

Saca la fuente y tápalos con papel de aluminio, bien remetido en los bordes de la bandeja.

Deja sudar una hora.

Quita la piel, tirando desde la punta hasta el rabo. Bien limpios de semillas y procurando que quede cada pimiento en cuatro piezas (si queda en más, no pasa nada), ponlos a escurrir hasta que dejen de soltar jugo.

En un recipiente de cristal, con tapa para poder guardarlos en nevera, vas colocando capas de pimientos y les pones, por este orden: un poco de sal, ajo en polvo y chorrito de aceite.

Y sol do. Hasta aquí llego con mis recetas, recordadas y propias.

Ahora voy a pasarte las que me han mandado mis amigas. Son sus recetas estrella.

Ahora que las tengo, me doy cuenta del crisol de mujeres maravillosas que me han acompañado a lo largo de la vida.

Me dejo a otras, muchas… Más vale que no mire mi agenda de teléfonos porque si no tendrías que acabar publicando ese libro de cocina que me pediste. Todo se andará.

Voy a mandártelas por estricto orden de nombre propio, el primer apellido y su profesión.

¡Ah!, por cierto, verás que entre ellas hay un amigo. Es un cocinica que, al enterarse de que te iba a compartir recetas, me propuso mandarme una. Él sí tiene escrito un libro de cocina.

RECETAS DE AMIGAS
(Y AMIGO)

ANA ÁLVAREZ

Maestra

—Ana, ¿cómo estás?

—¡Qué sorpresa! Muy bien, ¿y tú?

—Genial. Verás, es que estoy mandando a mi editor unas cuantas recetas de cocina, mías y de mis amigas, y quería decirte que una tuya va a ir la primera.

—¿Sí, cual?

—La crema de zanahoria, a la que yo llamo «espuma de zanahoria».

—Si es muy sencillita...

—Pero es estupenda y yo la hago mucho.

—Pues, por mí, encantada.

Y blablablá...

ESPUMA DE ZANAHORIA

Ingredientes:

–Un kilo de zanahorias

–Un litro de agua mineral con gas

–Un *brick* de 200 cl de nata líquida

Preparación:

Poner a cocer las zanahorias, peladas y cortadas en rodajitas, en el litro de agua mineral con gas. Tapar bien y, cuando empiece a hervir, bajar el fuego y continuar cociendo una media hora, procurando que no pierda vapor por la tapa.

Dejar templar destapado y añadir sal y el *brick* de nata.

Batir lo más finamente que sea posible.

Se sirve templada o fría.

ALICIA HERRÁEZ

Ama de casa (la mujer de Paco)

«Te paso la receta.»

PASTEL DE CARNE

Ingredientes (para cuatro o cinco personas):
—500 g de carne picada
—300 g de panceta
—Una cebolla
—Seis cucharadas de aceite de oliva
—Un vaso de vino blanco
—Laurel
—Sal
—Dos bolsas de 4 raciones de puré de patatas en copos

Preparación:
En una olla exprés se pone el aceite. Se parte la panceta en cuadritos y se echa en la olla. Se sofríe. Cuando esté dorada se añade la cebolla finamente picada y se revuelve hasta que esté transparente. Se añade la carne picada y se sigue revolviendo hasta que la carne coja color. Se echan la hoja de laurel y la sal.

Añadir el vino. Poner al fuego fuerte dos minutos para evaporar el alcohol. Cerrar la olla. Cuando salga el vapor por la válvula, poner el peso y bajar el fuego al mínimo. Cocinar durante 20 minutos.

Mientras, en una fuente de horno, poner una capa con la mitad del puré de copos de patata, que habéis hecho previamente según las instrucciones del envase.

Si veis que la carne tiene demasiado caldo poner al fuego sin tapa para que se consuma un poco.

Verter todo sobre la mitad del puré. Poner el resto del puré por encima. Extenderlo con una espátula de silicona.

Antes de servir calentarlo en el horno a 200°, unos minutos.

CARMEN MONTES

Ciudadana del mundo

Y añado yo: A pesar de la esclerosis múltiple que no domeña su libertad.

«¡Hola, amiga! Te mando la receta de tarta de queso que tanto te gusta, para que la disfrute tu editor, como tantas veces la hemos disfrutado juntas. Te quiero.»

TARTA DE QUESO Y ARÁNDANOS

INGREDIENTES:

–Diecisiete galletas María, trituradas

–Dos terrinas de queso Philadelphia

–Un *brick* pequeño de nata

–Un sobre de gelatina de limón

–Mantequilla, para mezclar las galletas

–Una cucharada de azúcar blanco

–Un tarro de mermelada de arándanos

PREPARACIÓN:

Mezclar las galletas trituradas con la mantequilla y colocarlas, como base de la tarta, en un molde de aro desmontable.

Montar la nata y añadir una cucharada de azúcar.

Mezclar con el queso y la gelatina disuelta en un vaso de agua caliente.

Verter sobre la base de tarta preparada e introducir en la nevera.

Transcurridas dos horas, se puede desmoldar y servir.

ESTRELLA DÍAZ

Profesora de Lengua y Literatura

Para mí, Estrellita linda.

«Ahí va la receta que me pides, Luz. Puedes poner que es de una aguileña de adopción.»

ENSALADILLA RUSA «MURCIANICA»

I̲NGREDIENTES̲:

–1 kg de patatas

–Dos huevos

–Un tarro de mayonesa de 450 gramos

–Dos latas pequeñas de atún en aceite

–1/2 tarro de picadillo de variantes

–Una lata pequeña de pimientos asados

–Una lata pequeña de aceitunas rellenas de anchoas

–Sal

P̲REPARACIÓN̲:

Hervir las patatas y los huevos.

Una vez hervidos, pelar las patatas y trocearlas con un tenedor.

Separar las claras de las yemas. Reservar las yemas. Picar las claras y añadir a las patatas troceadas.

Añadir sal al gusto y mezclar.

Una vez hecha la mezcla, ponerle el atún, el picadillo de variantes y la mayonesa, reservando un poquito para cubrir al final.

Mezclar bien y cubrir con el resto de la mayonesa.

Rallar las yemas sobre la ensaladilla y decorar con las tiras de pimientos y las aceitunas.

ISABEL BAEZA

Periodista

«Para los que hemos estado muchos años cocinando y ahora queremos comer rico pero fácil, os recomiendo esta receta.»

PASTEL DE ATÚN

Ingredientes:
–Una lata o un bote de cristal de pimientos del piquillo
–Tres huevos
–Tres rebanadas de pan de molde sin corteza
–1 *brick* de nata para cocinar
–Tres latas de atún en aceite
–Sal

Para adornar:
–Mayonesa
–Langostinos

Preparación:
Lavar los pimientos y quitar pepitas.

Escurrir el aceite de las latas de atún.

Partir el pan.

En una jarra o en un vaso grande apto para batidora, poner todos los ingredientes del pastel.

Batir y echar en un recipiente cuadrado apto para microondas; yo utilizo un táper, no debe ser pequeño ni bajo.

Trece minutos a la temperatura de cocinado y se saca para enfriar. Cuando esté frío se desmolda en una bandeja.

Para adornar, se cubre de mayonesa, industrial o casera, y, encima, unos langostinos.

♣

ISABEL VALERO

Politóloga

«¡Holaaa! Aquí te dejo mi receta de tarta. ¡Sale espectacular!»

TARTA DE FRESAS

Ingredientes (para 12 raciones):
Para el bizcocho genovés):
–Cuatro huevos
–125 g de azúcar
–125 g de harina de repostería

Para el almíbar de mojar el bizcocho:
–1/2 vaso de ron añejo
–Un vaso de agua
–Cuatro cucharadas de azúcar blanco

Para el relleno y cobertura:
–Un litro de nata 35,1 % MG (puede sobrar un poco)
–150 g de azúcar glas
–750 g de fresones hermosos
–Mermelada de fresa (en mi caso, casera) o una buena, también la de frutos rojos le va muy bien
–Tres hojas de gelatina neutra

Preparación:
Bizcocho genovés:
Precalentar el horno a 180º.
Se engrasa un molde de 24 cm con mantequilla y se espolvorea de harina.

Se baten los huevos con el azúcar en un cuenco grande, con las varillas eléctricas, hasta que casi tripliquen su volumen.

Se tamiza la harina con un colador sobre la mezcla, removiendo suavemente.

Se vierte en el molde y se deja de 15 a 20 minutos a 180º.

Cuando se enfríe del todo, se corta por la mitad con un cuchillo (yo uso normalmente el jamonero). Se coloca en la fuente que vayamos a servir la tarta.

Mientras se cuece el bizcocho, se prepara un almíbar ligero con el ron, el azúcar y el agua, y se deja cocer unos 10 min. Se deja templar y se empapa el bizcocho con ayuda de una brocha de pastelería.

Se monta la nata con las varillas y, a mitad del montaje, se añade el azúcar glas. La nata tiene que estar muy fría (meterla una media hora antes en congelador para que se monte bien).

Se extiende sobre el bizcocho empapado, reservando la mitad para adorno. Se ponen sobre la nata unos fresones en trozos.

Se coloca la otra mitad del bizcocho y se extiende una capa de mermelada de fresa por encima.

Se colocan los fresones partidos por la mitad encima de la mermelada, para adornar la tarta.

Remojar las hojas de gelatina en agua fría unos 5 minutos. Se calienta un vasito pequeño de agua y se le añaden un par de cucharadas de mermelada de fresa. Cuando esté caliente se ponen las hojas de gelatina y se remueven bien. Se deja templar y se pintan las fresas con la gelatina y con ayuda de una brocha.

Con una manga pastelera se adorna todo alrededor con la nata reservada.

☘

JUAN LLORET

El «cocinica» mayor del reino

«Mi querida Luz:

»Te mando una receta de sardinas para el recuerdo de aquellos años maravillosos de playa y chiringuito, en mi querido pueblo de nacimiento, Águilas, y tuyo de adopción.»

TORTILA DE SARDINAS FRESCAS

Ingredientes (para cuatro personas):
—Aceite de oliva (una taza tamaño café)
—Una cucharadita de azúcar
—Seis huevos
—Leche (la justa para licuar las yemas, una taza tamaño café)
—El jugo de una lima para macerar las sardinas
—Sal y pimienta blanca, al gusto
—500 gramos de sardinas frescas, limpias de piel y espinas, sólo filetes

Preparación:
Se limpian las sardinas, eliminando cabezas, espinas, tripas y piel, dejándolas en dos filetes. (Este trabajo lo puede hacer tu pescadero habitual.)

Es necesario hacerlo bien para confeccionar esta original tortilla en la que los filetes han de quedar muy limpios y pulidos.

Una vez limpias de piel y espinas, se ponen a macerar. Esto consiste en aderezarlas con sal, pimienta blanca y jugo de lima. Si no lo desea no es necesario…, sólo salpimentadas.

Al momento de cocinarlas, se secan con un trapo o con papel absorbente.

Los huevos para confeccionar la tortilla: se separarán las claras de las yemas y, una vez separados, las claras se baten a punto de nieve, agregándole un poco de azúcar.

En una sartén grande, con poco aceite, se ponen las claras en la sartén bien repartida y las sardinas encima de las claras cubriendo todo el merengue.

Tal como se explica: el calor que recibirá debe ser mínimo ya que las claras batidas, junto con las sardinas, deben cuajar suavemente hasta que se vea que toman un tono blanco consistente.

Una vez cuajado el merengue, junto con las sardinas, se saca de la sartén y con una tapa o un plato se vuelve la media tortilla, y se deja que esta quede cara abajo.

Las yemas se baten en un bol y se le añade un chorro de leche entera para que queden un punto líquidas, con un poco de sal, la mínima, ya que a las sardinas se les ha dado un toque previo.

Acto seguido: se pone un poco de aceite en la sartén y, cuando esté caliente, se distribuyen las yemas por toda la sartén hasta que cubra el fondo de esta.

Las yemas batidas, al ponerlas al calor, empezarán a cuajar; es en ese momento cuando se le acoplará la mitad de la tortilla que anteriormente se había apartado y que estaba a la espera de colocarla cara abajo.

Sólo estará en el fuego el tiempo justo para que termine de cuajar y para que se unan ambas mitades.

La tortilla, una vez confeccionada, debe quedar blanca, en el interior donde están las sardinas, y por fuera su color será naranja. Aunque un poco más clara por la leche añadida en la yema huevo.

Esta receta está tomada de un libro de cocina llamado: *De Re Cibaria,* que escribió un cocinero menorquín llamado Pedro Ballester.

El libro describe esta tortilla que tiene más de doscientos años. Yo la he cocinado infinidad de veces y, por años que pasen, nunca he olvidado su sabor tan peculiar y su originalidad.

La transformé en su día, aplicando detalles que mejoraron la original, pero la idea es y será del señor Ballester.

KENY DEL CASTILLO

Joyera

«Buenas noches, Luz...
»Aquí va la receta.
»A ver si te parece bien.»

ROLLITOS

Ingredientes (para 32 rollitos):
–Un paquete de pan de molde
–300 g de jamón de York (al corte fino)
–Un bote de mayonesa (a poder ser casera)
–Dos botes de espárragos blancos finos
–Un paquete de huevo hilado

Preparación:

Cogemos cada rebanada de pan y, con ayuda de un rodillo, aplastamos hasta que se quede muy fino.

Con un cuchillo, vamos untando mayonesa en el pan. Ponemos una loncha de jamón de York y un espárrago y vamos enrollando hasta que quede un rollito. Una vez que ya tenemos el rollito formado, cortamos los bordes para que quede más cuadrado y los vamos poniendo en una bandeja.

Finalmente, adornamos con huevo hilado por encima.

¡Y listos para comer!

MARÍA VIDAL

Cantante y actriz

Transcribo el audio recibido, ante la imposibilidad de ponerle puertas al campo a una sevillana.

«¡Hola, mi arma!

»Te mando mi reseta de gaspacho, yo soy la gaspachera mayor del reino. No me gusta la cosina, pero, cuando me pongo a haserlo, lo hago mu bien…

»Mira, mi arma, el gaspacho é...*

* Me ha resultado imposible definir con una letra concreta el sonido que a la zeta de la palabra gazpacho le da María… Como es entre Pinto y Valdemoro, entre la zeta y la ese he optado por esta última.

GAZPACHO ANDALUZ

Ingredientes:

»–Dó kilo de tomate, porque yo no le echo pan, que así no engorda

»–Un pimiento grande verde o dó pequeño

»–Un pepino bueno, ja, ja, ja…

»–Un dientesito de ajo o dó

Preparación:

»Y ya no tiene ma que hasé, cariño.

»Se meten lo tomate en la turmi. Yo no l'echo sebolla. Lo mete todo en la turmi y le da un güen meneo.

»Su aseite, por supuesto, su vinagre y su sal; mejó echarle poco, pa que luego se pueda corregí. To a ojo y a mí me sale mu bien.

»Luego pasarlo por un chino, pa que te quede una cremita bonita… porque pelá dó kilo de tomate tiene narise.

»¿¡Sabe qué te digo!?, que te debo un gaspacho pa cuando no veamo.»

MARÍA EUGENIA HERNÁNDEZ

Bióloga y profesora internacional de *bridge*

«Esta receta era de mi madre, ella la llamaba menestra de cordero, la hacía con falda de cordero y muchas verduras.

»Yo la he reformado y me sale muy buena con morcillo de ternera troceado y alcachofas.

»Antiguamente era de temporada, cuando las verduras que se utilizan estaban en su tiempo.»

MENESTRA DE MORCILLO

Ingredientes (para cuatro personas):
–1/2 k de morcillo de ternera troceado
–Un diente de ajo
–Un puerro o una cebolla
–Una o dos zanahorias
–Guisantes naturales, un puñado
–Un pimiento verde
–Seis alcachofas
–Sal, pimienta y vino blanco

Preparación:
Pongo en una cazuela el aceite de oliva y el ajo, el puerro troceado, zanahorias cortadas, el pimiento y las alcachofas, que las habremos limpiado muy bien.

Le damos vueltas y agregamos la carne, que se rehogará con las verduras.

Pondremos sal y algo de pimienta; agregamos agua que cubra el guiso y lo dejamos a fuego lento, despacio, una hora. Damos vueltas de vez en cuando con la cuchara de palo. A media cocción pondremos un buen vino blanco y dejaremos que siga cociendo hasta que la carne y las verduras estén tiernas.

El sabor que da la alcachofa a este guiso es extraordinario, buenísimo, a mí me encanta.

Yo lo hago todo a la vez, porque compro ternera blanca que es muy tierna y se hace enseguida. Si la carne fuera más dura la técnica sería otra, y el guiso. Habría que poner a rehogar prime-ro la carne e ir agregando las verduras más «duras» para poner al final las más tiernas, como el pimiento verde, los guisantes y las alcachofas, y dejarlo en el caldo más tiempo.

Este guiso está mejor de un día para otro. No dejes de pro-barlo, es sano y no engorda.

(Y añado yo: eso de que no engorda, miau. Engorda todo lo que entra por la boca, excepción hecha del agua.)

MARÍA JOSÉ PRENDES

Actriz y cantante

Una llamada telefónica fue suficiente para volver a escuchar su voz amiga. Ella vive de cara al mar. El ventanal de su salón parece la proa de un barco.

Cuántos recuerdos… Tanto agradecimiento conservo de aquel tiempo, ya lejano, en el que ella y Eddy acogieron mi tristeza en su regazo hermano…

SOLOMILLO DE TERNERA AL HORNO

INGREDIENTES:

–Un solomillo de entre dos y tres kilos, según comensales. Calcular unos doscientos gramos por persona

–Seis dientes de ajo

–Dos pastillas de caldo de pollo o de carne

–Mostaza a la antigua

–Coñac

–Sal, pimienta, perejil y albahaca frescos, orégano y hierbas provenzales

PREPARACIÓN:

Preparar con, al menos, dos horas de antelación a su puesta en el horno.

Colocar el solomillo en una fuente de hornear. Hacerle unos cortes transversales que lleguen hasta la mitad de la pieza, equivalentes a las raciones que luego vamos a servir. Salpimentar por ambos lados y regar con aceite de oliva virgen extra hasta que quede bien untado. Regar con un chorro, no muy abundante, de coñac. Machacar en el mortero los dientes de ajo pelados y el perejil y la albahaca frescos y colocar por encima de la carne. Luego hacer lo mismo con las hierbas provenzales y el orégano. Debe quedar una especie de costra de, al menos, dos o tres milímetros, con todo lo anterior. Por último, untar, pegando a ambos lados del solomillo, una buena cantidad de mostaza. Deshacer las pastillas de caldo en un vaso de agua muy caliente y poner en el fondo de la fuente.

Precalentar el horno a máxima potencia (250°) e introducir la carne media hora antes de servirla.

Nota: Lo ideal es hacerlo al tiempo que nos sentamos a la mesa para los aperitivos o el primer plato.

MARIBEL MARTÍNEZ

Mi primera vecina

Incluyo esta entrañable receta de los viejos tiempos. En realidad no es suya, sino de su querida madre, Pilar Guimerá, canaria, que nos la enseñó a ambas.

Besos al cielo para Pilar.

PAPAS ARRUGADAS CON MOJO PICÓN

Ingredientes:

–Patatitas pequeñas (según comensales)

–Mojo picón (se encuentra de buena calidad en cualquier tienda de *delicatessen* y los hay estupendos en supermercados más comunes)

Preparación:

Lavar escrupulosamente las patatitas. Colocarlas en una cazuela suficientemente grande como para que queden en una capa al fondo o como mucho, en dos. Cubrir de agua. Echar unos buenos puñados de sal. Dejar cocer una media hora y pinchar. Si están tiernas, tirar el agua y arrimar al fuego, medio, hasta que, moviendo la cazuela, se queden completamente secas y con la piel costradita blanquecina. Se sirven con mojo. Se cogen con la mano y se van mojando.

Deliciosas y fáciles de hacer.

♣

MARIBEL PALACIOS

Anticuaria y pintora

«Preparar este plato de connotaciones eróticas es un poco laborioso, pero, al tiempo, el resultado es delicioso.»

RABO ESTOFADO

Ingredientes (cuatro raciones):
–Dos o tres pedazos de rabo por persona
–Tres cebollas medianas
–Tres dientes de ajo
–Un puerro
–Dos nabos
–Tres hojas de laurel
–Pimentón de la Vera dulce (una cucharada de café)
–Pimiento choricero (dos cucharadas de café)
–Un vaso de vino tinto (Reserva), 250 cl
–Aceite de oliva
–Sal (a gusto)
–Harina

Preparación:
–Tiempo de preparación, 35 minutos.
–Tiempo de cocción, 65 minutos, en olla rápida a fuego medio.

Empezamos.
Salamos y enharinamos los trozos, uno por uno.
Sofreímos los ajos en la misma olla en la que cocinaremos. Sacamos los ajos y los aparatamos en un mortero.
Iniciamos el sellado de la carne.

Las piezas, que quepan en la base de la olla. Una vez selladas todas, bien doradas para que no pierdan el jugo, las apartamos en otro recipiente.

Vamos picando cebollas y puerros en trozos pequeños. Los nabos en trozos medianos, que se noten después en el guiso.

Con el jugo de la carne, en la misma olla, añadimos aceite, según veamos, y sofreímos todas las verduras durante seis minutos. Añadimos el laurel; el pimiento choricero y el pimentón de la vera. Damos unas vueltas a todo. Se añaden la carne, los ajos machacados y el vino. Sin tapar la olla, dejamos que el vino se evapore unos cinco minutos. Añadimos agua hasta cubrir la carne, tapamos y dejamos a fuego alto hasta que salga el vapor. Bajamos a medio fuego y dejamos 65 minutos de cocción en olla rápida.

Como guarnición podemos freír patatas en cuadrados no grandes o arroz blanco. Se añaden directamente en cada plato al servir.

♣

MARINA GÁLVEZ

Catedrática de Literatura
de la Universidad Complutense de Madrid

«Mi querida amiga, no quiero faltar a tu invitación, aunque no soy nada experta en lo que me pides. Ahí va una receta facilita, pero que siempre suele quedar bien.»

PESCADO EN SALSA

Ingredientes (para cuatro personas):

–Cuatro lomos (unos 180 o 200 g por persona) de un buen bacalao desalado, merluza o cualquier otro pescado magro y con pocas espinas

–100 g de puerros

–250 ml de caldo de pescado

–Cuatro cucharadas de aceite de oliva y tres de girasol

–100 g de perejil

–50 g de espinacas

–1 cucharada de perejil, eneldo o cilantro (muy bien picados)

–200 ml de nata para cocinar

–Una cucharada de harina

–Sal y pimienta

Preparación:

Salpimentar el pescado y envolver cada trozo por separado en papel film. Colocarlos en un colador sobre una cazuela con agua hirviendo durante unos ocho minutos para que se hagan al vapor.

En otra cazuela escaldar en agua hirviendo, sucesivamente, las espinacas, el perejil y el puerro, para, de inmediato, pasarlos por agua muy fría; colar, y triturarlos luego en un bol con el aceite de girasol.

En una sartén freír un poco la harina en el aceite de oliva y añadir el caldo de pescado. Dejar que cueza, removiendo la mezcla, unos diez minutos. Añadir entonces la nata, la sal, los ingredientes triturados anteriormente con el aceite y espolvorear con el perejil, el eneldo y el cilantro bien picados.

Para emplatar, primero se pone una cama generosa de la salsa y sobre ella el pescado, que se riega con un chorrito de aceite de oliva.

El plato se puede acompañar con unas patatas cocidas. Espero que te guste. Un abrazote.

MARISOL DONIS

Farmacéutica, criminóloga y escritora

«Mi amiga del alma, Luz Macías, me ha pedido una receta de cocina que yo considere sabrosa, fácil y rápida.

»Desde que escribí *Envenenadoras* no tengo poder de convocatoria para las comidas en casa. Pero los nietos sienten un amor incondicional por su abuela y vienen para que les prepare su plato favorito.»

LOMOS DE LUBINA AL HORNO

Ingredientes:

–Lomos de lubina (según comensales)

–Tomates

–Cebolla

–Nueces, almendras y pipas

–Tomillo y orégano

–Aceite y sal

Preparación:

En una fuente de horno se colocan tomates en rodajas, cebolla cortada en juliana, tomillo, orégano, sal y un chorro de aceite.

Se hornea ocho minutos y colocamos los lomos de lubina encima con la piel hacia abajo. Cinco minutos más de horno y agrego las nueces, almendras y pipas, todo ello en trocitos. Dos cucharadas de vinagre, chorro de aceite. Remuevo un poco y sirvo caliente.

MÓNICA SCHEFFLER

Restauradora de antigüedades

«Que la Luz, que ya tienes en el nombre, siga iluminando tu camino, amiga.

»Con todo mi cariño.»

MARINITAS

Para mi nieta Marina, por su noveno cumple mes.

INGREDIENTES:

–100 ml de anís

–200 ml de aceite de maíz o girasol

–Seis cucharadas de azúcar

–Harina hasta que se pueda moldear (más de 1/2 kilo, salen unas setenta unidades)

PREPARACIÓN:

En un bol, se ponen el anís y el aceite.

Ir incorporando harina hasta conseguir una pasta manejable para extender con el rodillo (espolvorear la zona de trabajo con harina previamente). Dejar como de dos a tres milímetros de grueso. Cortar en cuadraditos.

Poner en un plato, al 50 %, azúcar de caña blanca y añadir canela al gusto, o no... Pasar uno de los lados por el azúcar del plato y colocar en la bandeja del horno, sobre papel encerado, con la parte azucarada para arriba.

Hornear a 250° entre cinco y ocho minutos.

NIEVES CÁCERES

Mi primera vecina

«Aquí te envío alguna de mis maravillosas recetas, ja, ja, ja.»

Nieves es mi primera vecina, exactamente igual que Maribel, la de las papas arrugadas.

Ambas, primas hermanas, compartían rellano de la escalera conmigo en el primer piso que tuve. Maribel tenía dos puertas (pisazo); Nieves y yo, las de enfrente.

En aquella comuna, las cuatro puertas estaban siempre abiertas, y niños, perros y habitantes andábamos de acá para allá compartiendo el vasto dominio.

Las comidas y cenas en casa de unos y otros eran lo normal. Se hacía recuento de víveres y nos juntábamos. Así de sencillo y de feliz.

Hoy en día puede parecer mentira, pero fue verdad.

PORRUSALDA

INGREDIENTES (PARA CUATRO PERSONAS):

–Una patata

–Cuatro o cinco puerros (según tamaño)

–Una cebolla

–Dos dientes de ajo

–Caldo de pollo o de carne (y si no se tiene, agua)

–Cuatro cucharadas de aceite de oliva virgen extra

–Sal y una pizca de pimienta

PREPARACIÓN:

Limpiar bien los puerros y cortarlos en trozos, usando sólo lo blanco.

Cortar la cebolla en cuadraditos.

Cortar los ajos en láminas.

Pochar las cebollas en el aceite, no demasiado caliente.

Cuando empiece a ponerse trasparente añadir los ajos dos o tres minutos, después añadir los puerros y rehogar todo.

Cortar la patata arrancándola para que se mezcle mejor.

Cuando se haya rehogado todo, añadir la patata, remover bien para que coja el sabor y añadir el caldo, cubriendo bien.

Cuando la patata esté tierna, probar de sal y añadir una pizca (pequeña) de pimienta.

Dejar reposar y a disfrutar.

La receta original incluye bacalao (yo prefiero esta), pero la diferencia consiste en añadir media bandejita de bacalao, al punto de sal, y dejar dar un hervor.

Que aproveche.

Índice

Esta
primera edición
de *Esa esencia,* de Luz
Macías, ha sido impresa con
papel ahuesado, de 80 gramos.
Se ha utilizado la tipografía Ga-
ramond Pro. Y se terminó de impri-
mir en la imprenta Reprográficas
Malpe, en Getafe (Madrid), en el
mes de junio del año 2024.